행복한 이기주의자

일러두기

이 도서는 〈행복한 이기주의자〉(초판 2006년, 개정판 2013년 발행,

스페셜 에디션 2019년 발행)의 개정판으로, 원서의 내용을 침해하지 않는 선에서

차례 및 본문의 내용 일부를 편집하였습니다.

Wayne Dyer

행복한 이기주의자

웨인 다이어 지음 김정훈 옮김

**나의 가치는
내가 결정한다**

Your Erroneous Zones

21세기북스

우주의 모든 이치는 한 치의 오차도 없이 오직 한 사람,

바로 당신에게로 향해 있다.

—월트 휘트먼Walt Whitman

행복한 이기주의자가
되기 위하여

자신을 불행하게 하는 행동과 그것을 극복하는 방법이란 책 소재로 삼기에는 다소 까다로운 영역이다. 그러나 진정으로 변화를 갈구하는 어떤 이들은 한 번쯤 자신을 심층적으로 바라볼 기회를 원했다며 반가워할지도 모르겠다.

이 책을 펼치면서 버거운 일을 떠안게 되었다는 기분에 세포 하나하나가 거부반응을 보일지도 모른다. 이 책은 당신을 허깨비로 만들어버리는 감정과 행동, 그것을 유발했던 그릇된 생각들을 없애라고 요구하기 때문이다. 그러나 많은 독자들이 이 책에서 도움을 받을 것이라 생각한다.

이 책은 행복을 얻기 위한 즐거운 접근법을 간략하게 소개하고 있다. 스스로를 책임지고 기준으로 삼는 것, 그리고 삶에 대한 의욕과 지금 원하는 것은 무엇이든 하고 싶다는 바람에 바탕을 둔 접근법이다. 이는 복잡하지 않은, 즉 상식적인 접근법이다. 건강하고 행복한 독자라면 '이 정도 책쯤은 나도 쓰겠다'라고 생각할 것이다. 그 생각이 맞다. 정신과 의사여야만 효율적인 생활의 원칙을 이해할 수 있는 것은 아니다. 정신의학 전공 학위도 필요 없다. 생활의 원칙은 강의실이나 책에서 배울 수 있는 것도 아니다. 자신의 행복을 얻기 위해 정성을 기울임으로써, 그리고 행복하기 위해 노력함으로써 배울 수 있는 것이다. 나는 날마다 그런 노력을 한다. 더불어 다른 사람들도 그럴 수 있도록 돕는 것이 나의 일이다.

정신건강을 다룬다고 꼭 무거워야 할 필요는 없다. 뭔지 모를 전문 용어로 가득 찬 따분한 책이 되어야 한다고 생각하지 않았다. 나는 난해한 설명을 피하려고 애썼다. '행복'은 절대로 복잡한 문제가 아니라고 생각하기 때문이다.

이 책의 전반에 흐르는 주제는 두 가지다. 하나는 우리는 자신의 감정을 선택할 수 있는 능력이 있다는 것이다. 이미 내렸거나 아직 내리지 않은 선택의 관점에서 삶을 들여다보기 시작하라. 그러면 자신의 현재 모습과 자신의 감정에 대한 모든 책임을 당당하게 자기 어깨 위에 올려놓게 된다. 한층 행복해지고 훨씬 효율적인 생활을 영위한다는 것은 내 앞에 열린 선택들을 더 잘 깨닫게 된다는 것을 의미한다. 우리는 우리가 내린 선택의 총화다. 적당한 양의 동기 부여와 노력만 있으면 누구나 자신이 원하는 것은 무엇이든 될 수 있다고 '감히' 말하고 싶다.

본문에서 강조되고 있는 두 번째 주제는 현재의 순간들을 통제하는 일이다. 이 문구 역시 여러 차례 반복되고 있다. 이는 행복을 만들어내는 데 필수적인 요소다. 내가 무언가를 경험할 수 있는 것은 한순간뿐이다. 그것은 바로 지금이다.

우리 대부분은 과거나 미래에 대한 생각에 사로잡혀 현재의 시간들을 내팽개치고 있다. 현재를 한껏 충실하게 사는 것이야말로 효율적인 생활의 시금석이다. 그러나 자기 파괴적인 행동들, 다시 말해 오류지대Erroneous Zone들은 사실상 하나같이 현재가 아닌 다른 순간에 살고자 하는 노력이다.

내 친구 미국의 시인 도리스 워셰이Doris Warshay는 내 강의를 한 차례 들은 뒤 「새로운 방향New Directions」이라는 시를 한 편 써주었다.

머나 멀리 여행을 떠나고파라
내 영혼 안에 있는 기쁨에 닿고 싶기에
내가 알고 있는 한계를 바꾸고
내 정신과 영혼이 자라는 것을 느끼고 싶기에

생활하고 존재하고 '살아가고'파라
내 안의 진실에 귀를 기울이고 싶기에

이 책은 새롭고 아름다운 경험을 방해하는 '장애물'들을 없애는 데 도움이 될 것이다. 또한 독자들이 자신의 새로운 방향을 발견하고 선택하게 될 것이라 믿어 의심치 않는다.

차 례

Wayne Dyer

Your Erroneous Zones

나의 가치를 결정하는
10가지 마음가짐

위대함의 본질은
다른 사람들이 이성을 잃고 헤매는 상황 속에서도
차곡차곡 자기실현을 이룰 수 있는 능력이다.

뒤를 돌아다보라. 늘 나의 뒤를 따라다니는 또 다른 내가 보일 것이다. 딱히 붙일 만한 이름도 없으니 그를 '죽어 있는 나'라고 부르자. 나는 그를 두려워할 수도 있고 나에게 득이 되는 방향으로 이용할 수도 있다. 선택은 나의 몫이다.

죽음은 끝도 없이 우리의 어깨를 짓누르는 주제이다. 그리고 삶은 제대로 숨을 고를 여유도 없이 짧다. 그러니 자신에게 이런 질문을 던져보라.

"내가 진정 하고 싶은 일을 이렇듯 모른 척해도 되는 걸까?"

"그토록 끌어안고 놓고 싶지 않을 만큼 물질이 소중한가?"

이러한 질문에 대한 우리의 대답은 필시 다음 몇 마디로 요약될 것이다.

"열심히 살자. 나는 나다. 인생을 즐기자. 사랑하자."

우리는 부질없이 죽음을 두려워할 수도 있지만, 오히려 죽음을 방편 삼아 제대로 살아가는 법을 터득할 수도 있다. 러시아의 문호 레프 니콜라예비치 톨스토이Lev Nikolaevich Tolstoy의 단편소설 『이반 일리치의 죽음The Death of Ivan Ilych』의 주인공 이반 일리치는 죽음의 신을 기다리며 다른 사람에게 철저히 지배당했던 자신의 과거를 회상한다. 그는 체제에 순응하기 위해 이제껏 자신의 인생을 자유롭게 살아가는 것에 대해서는 체념해왔다. 모든 사람에게 평등한 죽음의 신을 기다리면서 그는 자신의 일생을 이렇게 회상한다.

"만일 내 일생이 모두 잘못된 것이라면…."

이전에는 도저히 생각할 수도 없었던 것, 다시 말해 그동안 인생을 제대로 살지 못했다는 느낌이 결국은 진실일지도 모른다고 그는 문득 생각했다. 이제껏 사소한 충동이 일어나면 그것을 곧바로 억제해왔는데, 실은 그런 충동이 오히려 진짜이고 그 외의 것들은 모두 가짜였던 것이 아닐까? 직책도, 생활과 가정사도, 사회적 또는 직무상의 이해관계도 모두 가짜였는지도 모른다. 이런 것들을 모두 성실하게 지키고자 노력했던 그는 갑자기 그 모든 것들이 덧없게 느껴졌다. 지켜야 할 것 따위는 아무것도 없었다….

'내 의지대로 살면서 내 인생을 스스로 선택해도 괜찮을까?'라는 쉽지 않은 결정을 앞에 두고 고민해야 할 상황에 처한다면 이렇게 자문해보라.

"대체 언제까지 죽어 있을 작정인가?"

이렇듯 죽음을 넘나드는 통찰을 지니고 있으면 우리는 스스로 결정을 내릴 수 있다. 내가 실제로 감당해낼 수 있을까 하는 걱정, 불안, 미심쩍음, 그리고 정말이지 제대로 살고 있는 것처럼 보이는 다른 사람들에 대한 열등감도 떨쳐버릴 수 있다.

그러지 않으면 다른 사람들이 나에게 인생 수칙이랍시고 일러주는 대로 평생을 살아가야 할지도 모른다. 우리가 이 세상에 머무는 기간이 너무도 짧은 것이 분명한데 적어도 즐겁게 살아야 하지 않겠는가. 요컨대 나의 삶이다. 내가 원하는 대로 살자.

행복한 사람이 똑똑한 사람이다

자신의 의지대로 살아가려면 먼저 매우 그릇된 통념에서 벗어날 필요가 있다. 가장 잘못된 통념은 '똑똑함'에 관한 것이다.

우리 사회에서는 똑똑함이 여러 가지 복잡한 문제를 해결하는 능력, 다시 말해 일정 수준으로 읽고 쓰고 계산하는 능력, 추상적인 등식을 빠른 시간 안에 해결하는 능력으로 저울질된다고 생각하는 경향이 있다. 똑똑함에 대한 그런 통념 때문에 정규교육과 우수한 성적을 자기 성취의 진정한 잣대라고 단정 짓는 사람이 많다. 그렇게 되면 학식깨나 있다고 거들먹거리는 사람, 상대적으로 의기소침해지는 사람이 나타나게 마련이다.

우리들은 '빛나는 졸업장'을 더 많이 가진 사람들, 어떤 학문 분야—수학, 과학, 풍부한 어휘, 잡다한 기억력, 속독 등—에 귀재인 사람들이 '똑똑하다'고 믿게 됐다. 그러나 지금 정신병원은 번듯한 학력을 가진 환자들로 넘쳐난다. 물론 그렇지 않은 경우도 많지만. 하여간 똑똑함의 참된 척도는 하루하루를, 그리고 지금 이 순간을 얼마나 제대로 즐겁게 사느냐다.

따라서 지금 행복하다고 느낀다면, 그리고 소중하다고 생각하는 모든 것들을 위해 한순간 한순간을 살아가고 있다면 똑똑한 사람이다. 물론 지적 능력은 행복을 위한 유용한 보조수단이다. 그러나 학교 성적이 그다지 좋지 않다고 해도 자신을 위해 행복을 선택할 수 있다면, 혹은 적어도 불행을 선택하지 않을 수 있다면 똑똑한 사람인 것이다. 행복을 선택하면 '신경질'에 대한 궁극적인 방패막이를 얻게 된다.

이상하게 들리겠지만 애초에 신경질 같은 것은 존재하지도 않는다. 신경은 성질을 부리지 않는다. 인체를 해부해놓고 눈을 씻고 들여다봐도 성깔을 부리고 있는 신경은 어디에도 보이지 않는다.

똑똑한 사람들은 신경질을 내지 않는다. 스스로를 통제할 수 있기에. 똑똑한 사람들은 의기소침해지기보다 행복을 선택하는 법을 알고 있다. 삶의 문제에 '대처'하는 방법을 알고 있기 때문이다. 나는 방금 그들이 문제를 '해결'한다고는 말하지 않았다. 그들은 문제 해결 능력이 아닌, 자신이 행복하고 소중해질 수 있는 능력을 똑똑함의 잣대로 삼는다. 문제가 해결되느냐 안 되느냐는 별개의 문제다.

당신이 진정 똑똑한 사람인지 아닌지는 힘겨운 상황에 부닥쳤을 때 기분을 어떻게 다스리기로 작정했느냐에 따라 가늠할 수 있다. 이 세상에 삶의 고단함을 어깨에 짊어지지 않은 사람은 없다. 사회라는 테두리 안에서 다른 사람들과 관계를 맺고 있는 사람들은 모두 엇비슷한 어려움들을 겪고 있다. 말다툼이나 갈등 또는 타협은 인간이라면 피할 수 없는 문제들이다. 마찬가지로 금전, 나이 듦, 병, 죽음, 자연재해, 사고도 거의 모든 사람들에게 어려움을 주는 상황들이다.

그러나 그런 일이 일어나더라도 스스로를 옭아매는 수렁 같은 의기소침이나 불행을 피해가면서 상황을 잘 헤쳐나갈 수 있는 사람이 있는가 하면 좌절하거나 무기력해지거나 신경질을 부리는 사람도 있다. 그런 문제들을 인간이기 때문에 어쩔 수 없이 부딪힐 수밖에 없는 상황으로 받아들이면서 그저 문제가 있느냐 없느냐로 행복을 저울질하지 않는 사람이야말로 우리들 가운데 가장 똑똑한 사람이다.

스스로를 자신의 중심에 세우는 법을 배우는 데에는 완전히 새로운 사고 과정이 필요하다. 그러나 우리 사회에는 한 개인이 책임 있는 인간이 되는 것을 방해하기 위해 작당하는 세력들이 너무도 많기 때문에 그런 사고 과정을 체득하는 것이 분명 쉬운 일은 아니다. 하지만 마음만 먹으면 어느 때고 나 자신이 선택한 대로 감정을 다스릴 수 있다고 믿어야 한다.

사람들은 사랑, 황홀, 기쁨뿐 아니라 화, 두려움, 증오도 자연적으로 발생한다고 믿으면서 그런 감정들을 제어하지 않는다. 그저 받아들이기만 할 뿐이다. 슬픈 상황이 벌어지면 슬퍼하고, 이내 기분이 좋아질 수 있도록 무언가 행복한 일이 생기기만을 두 손 놓고 기다리는 것을 당연하게 여긴다.

감정은 선택이다

감정은 단지 자연적으로 발생하는 정서가 아니다. 감정은 선택 의지가 들어가 있는 반응이다. 스스로의 감정을 통제할 수 있으면 제 무덤을 스스로 파는 부정적인 감정들을 택하지 않게 된다. 일단 감정이 마음가짐에 달려 있다는 사실을 깨닫는다면 '똑똑함'의 길로 성큼 들어서는 셈이다. 그 길에는 신경질이라는 우회로가 없다. 우리에게는 그 길이 생소할지도 모른다. 주어진 감정을 삶의 조건이 아닌 선택으로 여긴다는 것에 익숙하지 않기 때문이다. 하지만 그것이야말로 한 개인이 누릴 수 있는 자유의 핵심이다.

감정을 통제할 수 없다는 그릇된 통념은 논리를 통해 깨뜨릴 수 있다. 간단한 삼단논법을 이용해보자. 이성적, 감성적으로 자신을 통제하는 과정에 들어설 수 있을 것이다.

"아리스토텔레스는 남성이다. 남성은 모두 수염이 있다. 따라서 아리스토텔레스는 수염이 있다."

"아리스토텔레스는 수염이 있다. 남성은 모두 수염이 있다. 따라서 아리스토텔레스는 남성이다."

첫 번째 삼단논법은 논리적이지만 두 번째는 비논리적이다. 여기서 알 수 있듯이 논리를 이용할 때에는 대전제와 소전제가 어긋나지 않도록 주의해야 한다. 두 번째 삼단논법에 의한다면 아리스토텔레스가 원숭이나 두더지가 될 수도 있지 않겠는가.

이제 스스로 감정 세계를 통제할 수 없다는 생각에서 영원히 벗어날 수 있는 논리 연습을 해보자.

"나는 내 생각을 통제할 수 있다. 내 감정은 내 생각에서 비롯된다. 따라서 나는 내 감정을 통제할 수 있다."

여기에서 대전제는 논박의 여지가 없다. 누구든 생각은 자유롭다. 사람은 생각하고자 하는 것은 무엇이든 생각할 수 있다. 무언가가 느닷없이 내 머릿속으로 비집고 들어온다고 해도 우리는 그 생각을 몰아낼 수 있다. 따라서 우리는 우리의 정신세계를 통제할 수 있다. 누가 나에게 "분홍색 양을 떠올려보세요"라고 말해도 나는 초록색 양을 떠올릴 수 있다. 양이 아니라 돼지나 내가 원하는 것은 무엇이건 떠올릴 수 있다. 내 머릿속으로 들어오는 것을 생각으로 통제하는 데에는 어느 누구의 도움도 필요 없다. 아직 믿을 수 없다면 이렇게 자문해보라.

"내가 내 생각을 통제하지 않으면 도대체 누가 하는가?"

배우자가? 직장 상사가? 아니면 어머니가? 만에 하나 그들이 당신의 생각을 통제한다면 그들이야말로 정신과 치료를 받아야 할 사람들이다. 그들만 병원으로 보내버리고 나면 당신의 상태는 금세 나아질 것이다.

허나 우리는 그들이 나의 사고를 통제한다고 생각하지 않는다. 나의 사고중추를 통제하는 것은 나뿐이다. 물론 일상생활이 아닌 조건부 실험 상황 등 극단적인 경우는 제외다. 나의 생각은 나 자신의 것으로, 오로지 나만이 유지하고 바꾸고 통제할 수 있다.

소전제도 상식을 동원해 따져보면 별로 왈가왈부할 게 없다. 먼저 생각을 거치지 않고서는 감정을 느낄 수 없다. 머리가 없다면 '느낄' 수 없는 것이다. 감정은 생각에 대한 신체적 반응이다. 울거나 얼굴을 붉히거나 심장 박동 수가 늘어나거나 하는 여러 감정 반응 가운데 어느 하나라도 나의 사고중추로부터 신호를 받지 않는 것은 없다. 사고중추가 손상되거나 파손되면 감정 반응도 일어나지 않게 된다. 뇌가 어떤 식의 손상을 입게 되면 육체적 통증마저 느끼지 못할 수 있다. 말 그대로 가스레인지 위에 손을 올려도 통증이 느껴지지 않는다. 사고중추를 통하지 않고서는 몸의 어떤 감각도 느낄 수 없다. 따라서 위의 소전제는 진실 안에 들어앉은 셈이다. 감정을 느끼기에 앞서 항상 생각을 하게 되며 뇌가 없다면 어떤 감정도 느낄 수 없다.

결론 역시 이치에 들어맞는다. 생각을 통제할 수 있고 그 생각에서 감정이 생긴다면 감정도 통제할 수 있다. 감정을 느끼기에 앞서 작용하는 생각을 잘 움직이면 되기 때문이다.

요컨대 우리는 주위의 상황이나 사람들이 우리를 불행하게 만든다고 믿고 있지만 사실은 그렇지 않다. 내가 불행하다면 그 이유는 주위의 사람이나 사물에 대해 내가 가지고 있는 '생각' 때문이다. 거침없고 다부진 사람이 되려면 그 생각을 바꿀 줄 알아야 한다. 일단 생각을 통제할 수 있으면 새로운 감정이 생겨날 것이며 거침없는 삶을 향해 첫발을 내딛게 될 것이다.

이 삼단논법을 좀 더 우리 실생활에 접근하여 적용해보자. 존의 경우를 예로 들어보겠다. 존은 상관이 자신을 바보 취급한다고 생각하면서 밤낮으로 고민했다. 그가 자신을 깔본다는 생각에 매우 불행했다. 그러나 그가 존을 미련 곰탱이로 생각한다 한들 존이 그 사실을 몰랐더라면 불행했을까? 불행할 턱이 없다. 어찌 알지도 못하는 사실 때문에 불행할 수 있겠는가. 그러므로 그의 상관이 생각하거나 또는 생각하지 않은 것 때문에 존이 불행한 것은 아니다. 존을 불행하게 만든 것은 다름 아닌 존의 생각이다. 더욱이 존은 다른 사람의 생각을 자신의 생각보다 훨씬 중요하게 생각하면서 자신을 불행으로 내몰았다.

바로 이 이치는 모든 상황, 사물, 개인적 시각에 적용된다. 누군가가 죽더라도 그 죽음 자체가 우리를 불행하게 하는 것은 아니다. 그 사람이 죽었다는 사실을 모르는 동안에는 불행하지 않다. 따라서 죽음 그 자체가 아니라 죽음에 대한 마음가짐 때문에 불행한 것이다.

태풍 같은 자연재해도 그 자체에는 사람들을 우울하게 만드는 속성이 없다. 우울은 인간 특유의 감정일 뿐이다. 만약 내가 태풍 때문에 기분이 울적해졌다면 그것은 스스로 기분이 처지게 하는 생각을 했기 때문이다. 그렇다고 해서 억지로 태풍을 좋아해야 한다고 말하려는 것은 아니다. 다만 스스로에게 이런 질문을 던져보라.

"내가 왜 구태여 우울을 택해야 하는가? 우울해진다고 상황을 헤쳐 나가는 데 눈곱만큼이라도 보탬이 되는가?"

삼단논법의 진리를 따라가 보면 내 감정에 대한 책임은 틀림없이 나에게 있다는 것을 알게 된다. 그러나 우리가 자라온 문화는 그렇지 않다고 가르쳤다. 우리들은 '감정은 자신이 통제하는 것'이라는 사실을 스스로 외면하게 하는 숱한 변명들을 배워왔다. 우리가 이제껏 거듭거듭 사용해온 그런 변명의 예를 들어보겠다. 이것이 무슨 의미를 담고 있는지 살펴보자.

"너 때문에 기분 나빠졌어."

"나도 내 감정을 어떻게 할 수가 없어."

"그냥 막 화가 나. 이유는 묻지 마."

계속 늘어놓자면 아마 한도 끝도 없을 것이다. 위의 변명에는 하나같이 자신의 감정은 스스로도 어찌 할 수 없다는 뜻이 은연중에 들어가 있다. 이제 그 목록을 정확히, 그리고 모든 감정은 자신에게 책임이 있으며 어떤 일에 대해 자신이 품고 있던 생각에서 비롯된다는 사실이 나타나도록 다시 고쳐 써보자.

"네 행동에 대해 생각하다가 내 스스로 기분을 망쳐버렸어."

"안 그럴 수도 있지만 지금은 화를 내고 싶어."

"난 화를 낼 거야. 화를 내면 다른 사람이 꼼짝 못 하더라고. 내가 무섭나 봐."

어쩌면 첫 번째 목록의 변명들이 그저 표현상의 문제일 뿐 실은 그다지 큰 의미가 있는 말들이 아니라고 생각할지 모르겠다. 그러나 이런 변명들은 우리 문화에서 사람들이 시시때때로 사용하는 말들이 되고 있다. 만약 표현상의 문제일 뿐이라고 말하고 싶다면 왜 두 번째 목록의 말들은 우리 사회에서 틀에 박힌 문구가 되지 않았을까? 이에 대한 답은 첫 번째 목록의 사고를 가르치고 두 번째 목록의 논리를 꺾어버리는 우리 문화에서 찾을 수 있다.

여기에서 말하고 싶은 것은 명료하다. 내 감정에 대한 책임은 바로 나에게 있다는 것이다. 나는 생각하는 대로 느끼며 마음만 먹으면 어떤 일에 대해 다른 식으로 생각하는 법을 배울 수도 있다. 내가 그러겠다고 결심만 한다면 말이다.

자신에게 질문을 던져보라. 불행하다고, 우울하다고, 기분이 상한다고 보탬이 되는 일이 있는지. 나를 맥 빠지게 하는 기분으로 몰아넣고 있는 생각은 또 어떤 것들인지.

행복을 선택하라

생각을 바꾼다는 것, 이것은 여간 어려운 일이 아니다. 우리는 일련의 어떠한 사고방식과 그에 잇따른 기운 빠지게 하는 생각들에 익숙해져 있다. 여태껏 몸에 배어 있던 습관적인 생각들을 떨쳐내는 데에는 엄청난 노력이 필요하다. 행복은 그나마 쉽다. 그러나 불행해지지 않는 법을 배우는 것은 그리 쉬운 일이 아니다.

행복은 인간의 자연스러운 상태다. 그 증거는 어린아이들에게서 꾸밈없이 드러난다. 그러나 과거에 꼭꼭 씹어 소화시킨 '의무'와 '책임'을 다시 토해내는 것은 어려운 일이다.

자신을 통제하는 것은 내가 지금 또 이러는구나 하는 것을 깨닫는 '자각'에서 출발한다. "그 사람 때문에 기분이 나빠" 등의 말을 내뱉는 그 순간을 의식해보자. 행동을 취하고 있는 순간, 자신이 무슨 행동을 하고 있는지 스스로에게 일깨워줘야 한다.

우리는 감정의 원인을 외부에서 찾는 사고 패턴에 길들여져 있다. 무수히 많은 시간을 들여 그런 사고방식을 단련시켜왔으니 스스로의 감정에 대해 책임을 지는 새로운 사고방식에도 역시 그만한 시간을 들여 균형을 맞출 필요가 있다. 이것은 무척 어려운 일이다. 그래도 어쩔 것인가? 어렵다고 그만둘 수는 없지 않은가!

자동차 운전 교습을 받았던 때를 기억하는가? 처음에는 '이걸 도대체 어쩌라는 거야?' 하는 느낌이었을 것이다. 다리는 두 개뿐인데 작동시켜야 할 페달은 세 개다. 처음에는 조작법이 복잡하다고 생각된다. 클러치를 서서히 놓고, 아뿔싸, 너무 빨리 뗐다 싶더니 심하게 덜컹거린다. 클러치를 늦추면서 그와 똑같은 속도로 가속페달을 밟는다. 오른발을 브레이크에 올린다. 하지만 클러치도 작동시켜야 한다. 그러지 않으면 다시 덜컹거린다. 줄곧 머리를 써서 생각하기 때문에 두뇌에 무수히 많은 신호가 전달된다. '내가 지금 뭘 하고 있지?' 스스로 '의식'한 다음 몇 번이고 시행착오를 거치고 또 다시 노력을 기울이다 보면 언젠가는 차에 올라타 부릉 떠날 날이 온다. 당황하거나 덜컹거릴 일도, 동작을 일일이 '생각'할 필요도 없다. 이제 스틱 자동차 운전은 나에게 제2의 천성이 되어버리는 것이다. 어떻게 이런 일이 가능했는가? 거기에는 많은 어려운 과정이 있었다. 생각하고, 다시 주지

시키고, 열과 성을 다해 노력을 기울인 끝에서야 이루어낼 수 있었던 것이다.

손과 발의 움직임을 조율하는 운전 연습처럼 몸을 움직여 어떤 일을 해낼 때 마음을 다스리는 법도 스스로 깨칠 수 있다. 그 과정은 감정 세계에도 똑같이 적용된다. 현재 내 몸에 배어 있는 습관은 평생 단련시키면서 체득한 것이다. 내가 나도 모르게 불쾌해지고 화가 나고 상처받고 좌절하는 이유는 오랜 기간 동안 그런 사고방식에 젖어 있었기 때문이다. 자신의 행동거지를 그대로 받아들였고 거스를 생각을 추호도 해보지 못했던 탓이다. 그러나 불쾌해지고 화가 나고 상처 입고 좌절하는 법을 학습을 통해 배웠던 것처럼 나를 망치는 그런 감정들을 선택하지 않는 법 역시 깨우칠 수 있다.

이를테면 어떤 이들은 치과에 가는 것이 어쩐지 기분 나쁘게 아픈 경험이라며 진저리를 친다. 항상 마음이 썩 내키지 않아 "나는 그 드릴 소리와 느낌이 싫어"라는 말이 절로 나올 정도다. 그러나 그런 느낌들은 모두 학습된 반응들이다. 우리는 그런 경험 전체를 자신에게 불리하지 않고 유리하게 살릴 수 있다. 그런 경험을 즐겁고 재미있는 과정으로 만들겠다고 생각하면 된다. 일례로 드릴이 부르르 떠는 소리를 낼 때마다 정신을 훈련시켜 인생에서 가장 황홀했던 순간을 떠올리게 할 수도 있다. 과거에 고통스럽다고 생각했던 일에 대해 다른 식으로 생각할 수 있고, 또한 색다르고 즐겁게 느낄 수 있는 것이다. 이렇듯 생각을 바꾸는 일이란 종전에 갖고 있던 느낌에 매달려 무조건 참고 감내하는 것보다 얼마나 재미있고 또 생산적인가.

그래도 여전히 '나도 내가 원하는 것은 모두 생각할 수 있어. 그래도 의사가 드릴을 쓰면 여전히 기분이 나빠져'라며 회의적인 생각을 바꿀 수 없다면 운전 교습을 받았던 때를 다시 한번 떠올려보자. 운전할 수 있게 됐다고 '믿었던' 때가 언제였는가? 계속 반복해서 노력할 때 생각은 단단한 믿음이 된다. 겨우 한번 시도해보고 안 되니까 체념해버린다면 무엇도 소용없다.

그저 사이즈가 맞는 옷 고르듯 한 번쯤 시도해보는 것만으로는 충분치 않다. 행복하겠다는, 내 마음 속에 불행을 만들어내는 생각 따위는 모두 없애버리고야 말겠다는 단단한 결심이 필요하다.

중요한 것은 감정을 통제하려는 나의 의지다

아직도 불행은 스스로 선택하는 것이 아니라고 생각하고 있는 사람이 있다면 이런 상황을 상상해보라. 오랫동안 방에 혼자 갇혀 있어야 한다든가, 그와는 반대로 사람들로 미어터지는 엘리베이터 안에 수일 동안 서 있어야 한다든가, 음식이란 음식은 모조리 빼앗기고 내가 특히 싫어하는 음식만 억지로 먹도록 강요당한다든가, 스스로를 구박하는 정신적 고문이 아니라 다른 사람들로부터 육체적 고문을 당한다든가 하는 등등의 일들.

불행한 감정을 떨쳐버릴 수 있을 때까지 앞서 말한 벌 가운데 하나를 받아야 한다고 상상해보라. 얼마나 오랫동안 버틸 수 있을 거라고 생각하는가? 아마도 상당히 빨리 불행한 감정을 떨쳐버릴 수 있을 것이다.

중요한 것은 내가 내 감정을 통제할 수 있느냐의 여부가 아니라 내게 그럴 '의지'가 있느냐다. 앞으로 이런 선택을 하려면 감내해야 할 일이 많을 것이다. 그러나 통제하기보다는 차라리 이성을 잃고 길길이 뛰는 쪽을 택하는 사람도 있다. 또는 동정표를 얻는 편이 행복을 얻기 위해 쏟는 노력의 보상보다 훨씬 낫다고 생각하는 탓에 그저 체념하고 불행한 삶에 굴복하는 사람도 있다.

여기에서 중요한 것은 행복을 선택할 수 있는, 혹은 적어도 인생의 어느 순간에 불행을 선택하지 않을 수 있는 우리의 능력이다. 뜬구름 잡는 이야기라고 생각할지 모르겠지만 이런 사고방식을 무작정 거부하려 들지 말고 신중하게 생각해보라. 이런 생각을 내던지는 것은 결국 자신을 내팽개치는 것이나 다름없는 일이다. 다시 말해 다른 사람에게 자기 인생의 지휘봉을 건네주는 것이다. 날이면 날마다 내 인생을 꼬이게 만드는 일들에 안주해 있는 것보다 행복하겠다고 마음먹는 것이 훨씬 쉬운 일이 아닐까?

불행보다 행복을 선택하는 당신 앞에 걸리적거릴 것은 하나도 없다. 일상의 갖가지 상황에서 자기 파괴적인 행동보다는 자기 성취적인 행동을 택하는 것도 나의 마음먹기에 달려 있다.

요즘 같은 때에 차를 끌고 거리에 나서면 교통체증에 시달리기 십상이다. 그러면 당신은 화를 내고 다른 운전자에게 욕을 퍼붓고 동승자에게 화풀이를 하고 사정거리 안에 있는 주위 사람이나 사물에게 마구 짜증을 내는가? 또 그런 행동을 정당화하기 위해 이런 교통체증 속에서 어떻게 흥분을 안 하고 배기겠느냐는 둥 앞뒤로 차들이 꽉꽉 막혀 있으면 자제력을 잃을 수밖에 없다는 둥 이런저런 항변을 늘어놓는가? 만약 그렇다면 그것은 어떤 정해진 사고방식이나 교통체증에 대한 일정한 행동방식에 익숙해져 있다는 증거다.

그런 상황에 처할 때에는 무언가 다른 일을 생각하려고 노력해보면 어떨까? 자신을 한 차원 끌어올리는 방식으로 생각을 바꿔보는 것이다. 그런 훈련에는 시간이 걸리지만 그를 통해 새롭게 마음을 다잡을 수 있다. 이를테면 휘파람이나 노래를 불러보자. 또는 음악을 들을 수도 있다. 화를 밖으로 내뱉지 않고 마음속으로 숫자를 세어보면 32까지는 족히 씹어 삼킬 수 있다. 교통체증을 좋아하게 될 수는 없다 해도, 처음에는 아주 천천히 새로운 사고방식을 연습하는 법을 배울 수 있다. 그러면 초조하고 조급한 마음 상태가 누그러진다. 예전의 자기 파괴적인 감정은 사라지고 그 자리에 건전하고 새로운 감정과 습관이 서서히, 당당하게 들어설 수 있다.

우리는 어떤 경험도 즐겁고 도전할 만한 것으로 만들 수 있다. 따분한 모임이나 회의도 새로운 감정을 선택할 수 있는 안성맞춤의 장소다. 따분하다는 생각이 들면 흥미를 돋우는 방향으로 생각을 바꿀 수 있다. 잘 지켜보다가 화제를 전환시킬 만한 말을 던져본다거나 소설의 첫머리를 써본다거나 앞으로 그런 상황을 피하기 위한 새로운 계획을 짜볼 수도 있다. 생각을 활발하게 바꾼다는 것은 골머리 아프게 하는 사람이나 상황을 평가하고 그것이 나에게 유리하게 작용하도록 참신하게 생각을 바꾸기로 마음먹는 것을 말한다.

당신은 레스토랑에서 서비스가 나쁘다며 걸핏하면 화를 내는 사람인가? 그렇다면 화를 내지 말아야 할 이유를 먼저 생각해보라. 화를 내봤자 그런 사람이나 상황이 내가 원하는 대로 바뀌지는 않을 것이기 때문이다. 당신은 다른 사람들 때문에, 특히 삶에서 극히 사소한 비중을 가진 사람들 때문에 화를 내기에는 너무나 소중한 사람이다. 그렇다면 그런 상황을 바꾸거나 아니면 빠져나오기 위한 전략을 짜라. 그저 안달복달하지는 말라. 나에게 도움이 되는 방향으로 생각을 바꿔라. 그러면 결국에는 일이 잘 안 풀릴 때 화를 내지 않는 멋진 습관을 갖게 될 것이다.

병은 마음에서 온다

장기 기능의 이상 때문이 아닌 질병들이 많이 있다. 그런 병은 마음만 먹으면 얼마든지 없앨 수 있다. 생리학적 장애로 발병하지 않는 육체적 질병으로는 대체로 두통, 요통, 궤양, 고혈압, 뾰루지, 피부 발진, 심한 복통, 일시적인 통증 등이 있다.

내 환자 중에 4년 동안 하루도 빠짐없이 아침마다 두통을 앓는다고 호소했던 여성이 있었다. 그녀는 매일 아침 6시 45분이면 두통이 시작되길 기다리기라도 했다는 듯 진통제를 복용했다. 게다가 친구나 직장 동료에게 두통 때문에 너무 고통스럽다고 하소연했다. 나는 그녀에게 넌지시 물었다. 당신 스스로 두통이 일어나기를 바라고 있고 사실은 관심을 끌기 위한 수단으로, 동정과 연민을 구하는 수단으로 삼은 것 아니냐고. 그리고 두통을 원치 않게 될 수 있으며, 연습을 하면 두통이 일어나는 부위를 이마 한복판에서 옆쪽으로 옮길 수도 있다고 말했다. 내 설명대로라면 그녀는 통증을 느끼는 부위를 여기저기로 옮기면서 두통을 통제할 수 있다는 사실을 알게 될 것이었다.

다음날 아침 그녀는 6시 30분에 잠에서 깨어 누운 채로 두통이 시작되길 기다렸다. 두통이 시작되었을 때 그녀는 두통이 다른 부위에서 느껴진다고 '생각'했다. 그녀는 스스로 생각을 새롭게 움직였던 것이다. 그리고 마침내 두통에 기대는 일을 완전히 그만뒀다.

종양, 감기, 관절염, 심장병, 사고로 인한 부상, 그리고 피할 수 없는 운명이라고 여겨왔던 암 같은 질병조차 사람들이 자초하는 것이라는 견해를 뒷받침하는 증거들은 속속 드러나고 있다. 일부 연구진은 '시한부' 판정을 받은 환자를 치료하면서, 환자가 어떤 식으로든 그 병을 원치 않도록 돕는 것이 그 사람 내부에 숨어서 생명을 좀먹고 있는 요인을 누그러뜨릴 수 있는 한 가지 방법이라 믿고 있다. 어떤 문화에서는 뇌를 통제하고, 자기관리를 마인드컨트롤과 동일시하면서 고통을 치료한다.

인간의 뇌는 100억 개 정도의 뇌세포로 구성되어 있고 그중에 10억 개 정도가 활동하고 있다. 이는 매초 열 가지 새로운 사실을 받아들이기에 충분한 저장 용량이다. 이는 100조 개 단어에 상응하는 정보량이지만 사람들은 그 용량 가운데 극히 일부만을 사용하고 있다고 추

산된다. 뇌는 어딜 가나 지니고 다닐 수 있는 막강한 도구로, 마음만 먹으면 지금껏 한번도 생각해본 적 없는 환상적인 용도로 사용할 수 있다. 이 점을 마음에 새기고 이 책의 흐름을 따라가면서 새로운 사고방식을 시도해보기 바란다.

질병을 스스로 부르는 환자들의 사례는 많다. 무언가 순탄치 않은 상황에 부닥쳤을 때 원인 불명의 병을 앓게 되는 사람도 있고 '결코' 아파서는 안 될 상황에서는 발병이 지연되다가 그 상황이 종결되자마자 갑자기 열이 나고 쓰러지는 경우도 드문 일은 아니다.

내 환자 가운데 끔찍한 결혼생활에서 헤어나지 못하고 있던 36세의 남성이 있었다. 어느 날 그는 아내와 한 달 보름 후에 헤어지기로 결심했다. 약속한 날을 하루 앞두고 그는 열이 펄펄 끓더니 주체할 수 없이 토하기 시작했다. 그 증상은 계속 반복됐다. 겨우 몸을 추스르는가 싶으면 또 감기에 걸리고 소화불량이 찾아왔다. 그는 병을 스스로 부르고 있었던 것이다. 자책감, 불안, 망신, 이별에 동반되는 미지의 상황에 부닥치느니 차라리 몸이 아픈 게 속 편했던 것이다.

이런 TV 광고 문구가 있다.

나는 주식 중개인입니다. 이제 제가 스트레스와 두통에 시달릴 수밖에 없는 이유가 이해되시죠? 그래서 저는 이 약을 먹습니다.

이 광고가 전달하는 메시지는 어떤 특정 직종에 종사하는 사람들은 자기 대신 자신을 통제해줄 뭔가 다른 것이 필요하다는 것이다.

우리는 날마다 이런 메시지 홍수 속에 살고 있다. 그런 메시지에 함축된 의미는 빤하다. 우리는 자신을 위해 일을 대신해줄 사람이나 사물이 반드시 있어야 하는 무기력한 감옥수라는 것이다. 정말 어처구니없는 일이다. 운명을 개선시키고 자신을 행복하게 할 수 있는 사람은 자기 자신뿐인데 말이다. 당신의 마음을 다잡고 원하는 대로 느끼고 행동하는 연습을 하는 것은 바로 당신 자신에게 달려 있다.

나는 무기력한 사람은 아닐까

행복을 선택할 수 있다고 생각할 때 마음에 새겨야 할 것이 있다. 제대로 살아가는 데 도움이 되지 않는 부정적인 감정을 판별해주는 낱말이 있는데, 그것이 바로 '무기력'이다. 우리는 분노, 적개심, 수치 등의 감정들이 때로는 느낄 만한 것들이라고 생각하면서 그런 감정에 매달리고 싶어질 때도 있다. 그러나 문제는 그런 감정들에 의해 옴짝달싹 못하게 되는 무기력 상태에 빠지게 될 때다.

무기력은 어떠한 행동에도 나서고 싶지 않은 소극성에서부터 우유부단과 망설임에 이르기까지 다양하다. 당신은 화가 나면 말이나 감정 또는 행동을 아예 접어버리지는 않는가? 그렇다면 당신은 무기력한 사람이다. 당신은 쑥스러워 친하게 지내고 싶은 사람과 접촉하기를 꺼려하는가? 그렇다면 당신은 무기력한 사람이다. 그러면 고스란히 자신의 몫이어야 할 경험까지 놓치게 되는 셈이다. 미움과 질투로 몸져눕거나 혈압이 올라가지는 않는가? 또 그것 때문에 직장에서 일을 하는 데 지장을 받지는 않는가? 어느 순간에 느낀 부정적인 감정 때문에 잠을 청할 수 없거나 배우자와 잠자리를 할 수 없는가? 이 모든 것들은 무기력의 징후들이다.

무기력이란 '그 정도가 심각하든 경미하든 내가 원하는 정도로 기능할 수 없는 상태'를 말한다. 당신이 어떤 기분 때문에 그런 상태에 빠져든다면 그런 감정을 몰아내야 할 이유를 먼 곳에서 찾을 필요가 없다.

무기력은 화려한 전력을 가지고 있다. 거의 모든 부정적인 감정들이 결과적으로 어느 정도의 자기 매몰 상태를 일으키게 한다. 그 사실 하나만으로도 부정적인 감정을 제거해야 하는 탄탄한 이유가 되는 셈이다.

혹시 부정적인 감정이 보상을 가져오는 경우가 있다고 생각하는가? 이를테면 화난 목소리로 아이에게 소리치면서 거리에서 뛰어놀지 말라고 강조할 수 있다. 그 무섭도록 화난 목소리가 단지 강조를 위해서 사용된 방편일 뿐이라면, 그리고 효과가 있었다면 그것은 건전한 전략을 채택한 것이라고 할 수 있다.

그러나 화가 나서 쓸데없이 다른 사람에게 소리를 지른다면 그것은 스스로 무기력한 사람이 되는 것이다. 이런 경우에는 새로운 선택을 시도해봐야 한다. 자신에게 상처를 주는 감정을 경험하지 않고도 아이를 거리에서 놀지 못하게 하겠다는 그 목표를 이룰 수 있게 해줄 선택 말이다. 화에 대해, 그리고 화가 날 때 한번 더 호흡을 고르는 행동에 대해서는 '열 번째 마음가짐'에서 자세히 설명하겠다.

지금 이 순간을 살아라

아무리 증상이 경미한 무기력이라 해도 그 무기력에 맞서 싸울 수 있는 한 가지 방법은 '지금 이 순간'을 살아가는 법을 배우는 것이다. '현재'와 밀착해 현재의 순간들을 살아가는 것이야말로 효율적인 생활의 핵심이다. 사실 지금 이 순간에는 다른 순간이 끼어들 틈이 없다. 존재하는 것은 지금 이 순간뿐이다. 미래는 다가오면 맞아야 할 또 다른 지금 이 순간일 뿐이다. 한 가지 분명한 사실이 있다. 어떤 순간이 그 모습을 드러낼 때까지는 그 순간을 살 수 없다는 것!

그러나 여기에서 문제는, 우리가 현재를 깎아내리는 문화 속에 살고 있다는 사실이다. 미래에 대비하라, 뒷일을 먼저 생각하라, 쾌락주의자가 되지 말라, 내일을 생각하라, 은퇴를 준비하라 등.

현재를 회피하는 것은 우리 문화의 병폐다. 우리는 끝도 없이 미래를 위해 현재를 희생하도록 강요당한다. 결론적으로 이것은 현재의 즐거움뿐 아니라 영원히 행복을 피해 다니는 태도다. 미래가 다가와 현재가 될 때 우리는 그 현재를 또 다시 미래를 위한 준비로 삼아야 하기 때문이다. 행복은 언제나 내일을 위한 것이기에 영영 부여잡을 수 없게 된다.

'현재 기피증'이라고 말할 수 있는 이런 병은 여러 형태를 띤다. 이런 기피 행태의 전형적인 예 네 가지를 들어보겠다.

주부인 샐리 포스 씨는 자연에 흠뻑 취하고 현재의 순간들과 교감하기 위해 모처럼 혼자 숲 속에 들어가 지내기로 결심했다. 그런데 막상 숲 속에 들어와 있으니 마음은 겉돌고 그때쯤 집에서 했어야 할 온갖 일들에만 정신이 팔린다…. 아이들, 장보기, 집, 세금 납부 등. 모두 괜찮을까? 이렇게 이미 했어야 할 일, 아니면 숲을 나간 뒤 해야 할 일들에 대한 생각으로 마음이 흘러가버린다. 현재는 과거와 미래 상황에 사로잡혀 사라진다. 결국 자연 속에서 현재 순간들의 즐거움을 누릴 수 있는 좀처럼 얻기 힘든 기회를 그냥 놓쳐버리는 셈이다.

미혼인 샌디 쇼어 씨는 휴가 동안 어느 섬에 가서 줄곧 혼자 선탠을 했다. 몸에 햇살이 쏟아지는 느낌을 즐기기 위해서가 아니라 멋지게 선탠한 모습으로 돌아가면 친구들이 얼마나 부러워할까 하는 기대 때문이었다. 그녀의 마음은 미래의 순간에 꽂혀 있었던 것이다. 그리고 그 미래의 순간이 현재로 다가오면 그녀는 해변에서 일광욕을 즐길 수 없었음을 한탄할 것이다. 이런 식의 태도는 우리 사회가 기여한 바가 크다. 어느 선로션 제조회사는 이런 마케팅 슬로건을 내건 적이 있다.

"이 제품을 사용하면 집에 돌아갔을 때 주위의 시샘을 한 몸에 받을 겁니다."

닐 프레이어 씨는 발기부전 문제가 있다. 그는 아내와 현재의 순간들에 부대끼고 있지만 그의 마음은 과거나 미래에서 떠돌며 어느덧 현재는 사라지고 만다. 마침내 간신히 현재에 집중하려 애쓰며 아내를 막 끌어안으려 하면 그는 아내를 다른 사람이라고 상상한다. 한편

아내도 마찬가지로 헤어진 옛 애인을 떠올린다.

고등학생인 벤 피셴은 교과서를 보면서 책에 마음을 붙들어놓기 위해 자신과 씨름하고 있었다. 그러나 겨우 세 페이지를 읽고서 마음이 어느덧 콩밭에 가 있다는 사실을 깨달았다. 그는 한 가지 생각에 집중하지 못했다. 눈으로는 한 글자 한 글자를 바라보고 있었지만 내용은 제대로 보고 있지 않았다. 사실 그는 책을 본다고 형식적으로 앉아만 있었을 뿐, 그의 현재 순간들은 간밤에 본 영화 생각이나 내일 치를 쪽지시험 걱정에 사로잡혀 있었던 것이다.

항상 함께 있지만 부여잡기 어려운 현재라고 하는 순간들은 그 안에 자신을 내맡길 때 가장 아름답게 체험될 수 있다. 현재의 매 순간을 힘껏 들이마시고 이미 끝난 과거나 아직 오지 않은 미래에 대해서는 아예 신경을 끄자. 내가 가진 유일한 것인 현재의 순간을 꽉 붙잡자. 바람, 희망, 후회는 현재를 기피하기 위한 가장 평범하면서도 가장 위험한 전술이라는 사실을 명심하라.

현재 기피증은 미래의 이상화로 이어지는 경우가 많다. 예컨대 '미래의 어떤 기적 같은 순간에 인생은 역전될 것이며 모든 일이 제자리를 잡고 행복을 발견하게 될 거야. 졸업, 결혼, 출산, 승진 등 인생의 획을 긋는 중요한 일을 이루면서 본격적인 인생이 시작될 거야'라는 식이다. 그러나 정작 그런 상황을 맞이했을 때 실망하게 되는 경우가 적지 않다. 상상했던 기대 수위에 미치지 못하기 때문이다. 첫날밤에 대한 기억을 되살려보라. 그토록 기다렸건만 황홀한 무아지경이나 실신할 일도 없다. 대신 왜 사람들은 그걸 두고 그토록 야단법석을 떠는 것인지 도대체 이해할 수 없는 기분만 남는다. 어쩌면 지금 이 순간 느끼는 감정만이 전부이기 때문이 아닐까.

물론 어떤 상황이 기대에 어긋날 경우 이상화를 통해 우울증에서 벗어날 수도 있다. 그러나 그런 악순환을 생활화해서는 안 된다. 현재를 현명하고 알차게 살아가는 전략을 통해 지금 그 악순환의 고리를 끊어버려야 한다.

미국의 소설가 헨리 제임스Henry James는 『사절들The Ambassadors』에서 이렇게 충고했다.

있는 힘껏 살아라. 그렇게 살지 않는 것은 잘못이다. 살아갈 인생이 있는 한 구체적으로 무슨 일을 하느냐는 그리 중요하지 않다. 자신의 인생을 가졌거늘 도대체 무엇을 더 '가지려 하는가?' (…) 잃게 되어 있는 것은 잃는 법이다. 이 점을 명심하라. (…) 아직 운이 좋아 인생을 더 살아갈 수 있다면 모든 순간이 기회다. (…) 살아라!

톨스토이 작품에 나오는 이반 일리치처럼 삶을 되돌아볼 때 이미 해버린 일에 대해 후회할 일은 별로 없다. 가슴에 굽이굽이 한이 되어 남는 것은 대개 하지 못한 일들이다. 그러므로 요지는 명백하다. 실행에 옮겨라! 지금 이 순간의 가치를 알아보는 안목을 길러라. 인생의 순간순간을 붙잡아서 음미하라. 지금 이 순간을 소중히 여겨라. 자신을 망치는 방식으로 현재의 순간들을 모두 잡아먹고 있다면 지금 이 순간은 영영 놓치고 만다.

행복에는 정성이 필요하다

자신이 바라는 대로 행복하고 충실한 삶을 꾸려나갈 때에는 두 가지 동기에 의해 자극을 받는다. 둘 중에 비교적 보편적인 동기는 부족한 면을 메우고자 하는 '미완' 또는 '미흡'의 동기다. 반면 좀 더 바람직한 또 다른 동기는 발전을 향한 '성장'의 동기다.

현미경으로 돌을 자세히 들여다보면 알 수 있지만 돌은 절대 변하지 않는다. 그러나 같은 현미경으로 이번에는 산호 조각을 살펴보면 산호는 계속 성장하며 변하고 있다는 것을 알 수 있다. 결론을 말하자면 산호는 살아 있고 돌에는 생명이 없다. 살아 있는 꽃과 죽은 꽃은 어떻게 구별하는가? 성장하고 있는 것이 살아 있는 것이다. 생명의 유일한 증거는 성장이다! 이는 우리의 정신세계에도 적용된다. 성장하고 있는 사람은 살아 있는 사람이다. 성장하고 있지 않다면 죽은 사람이나 다름없다.

기왕이면 부족한 점을 보충해야 할 필요보다는 성장하고자 하는 욕구에 자극받아야 하지 않겠는가. 항상 성장하고 발전하며 보다 멋진 사람이 될 수 있다는 사실을 인식한다면 그것으로 충분하다. 그러나 무기력하거나 부정적이고 소극적인 감정에 잠기기로 했다면 그것은 성장하지 않겠다고 결심하고 있는 것과 같다. 성장 동기란 바꿔 말하면 더 큰 행복을 위해 나의 생명 에너지를 이용하는 것이다. 무언가 나쁜 짓을 저질렀기 때문에, 또는 어떤 식으로든 불완전하기 때문에 스스로를 개선시키지 않으면 안 된다는 말이 아니다.

성장을 동기로 삼는다는 것은 내가 인생의 모든 현재의 순간들을 직접 지휘한다는 의미다. 지휘를 한다는 것은 내가 나의 운명을 결정한다는 말이다. 나는 그때그때 대처에 급급하거나 세상을 그저 따라가는 사람이 아니기 때문이다. 나는 내 자신이 원하는 세계를 선택하는 사람이다.

영국의 극작가이자 소설가 조지 버나드 쇼George Bernard Shaw는 『워런 부인의 직업Mrs. Warren's Profession』에서 다음과 같이 표현했다.

사람들은 항상 자신의 현 위치를 자신이 처한 환경 탓으로 돌린다. 나는 환경이라는 것을 믿지 않는다. 이 세상에서 성공한 사람들은 스스로 일어서서 자신이 원하는 환경을 찾은 사람들이다. 만약 그런 환경을 찾을 수 없다면, 그런 환경을 만든다.

잠시 이 장의 첫머리에서 살펴본 것을 상기해보자. 나의 생각, 감정, 삶의 방식은 바꿀 수 있다. 그러나 결코 쉬운 일은 아니다. 이러한 가설을 세워보자. 누군가 내 옆구리에 총을 겨누고 1년 안에 어떤 감당하기 힘든 일—1킬로미터를 3분에 완주한다거나 높은 다이빙대 위에서 잭나이프 다이빙을 완벽하게 해내야 한다는 등—을 완수해야 하며 실패할 경우 죽이겠다고 말했다 치자. 그럼 아마도 나는 엄격한 시간표를 짜고 그 과업을 실현하게 될 때까지 날마다 부단한 연습을 할 것이다. 신체뿐 아니라 정신까지 단련시킬 것이다. 정신이 신체에게 해야 할 일을 말해주기 때문이다. 연습에 연습을 거듭하고 포기하거나 고삐를 늦추고 싶은 유혹에 굴복하는 일은 절대 없을 것이다. 결국 그것을 해내고 목숨을 구할 것이다.

이렇게 현실과 동떨어진 이야기를 꾸며낸 것은 물론 한 가지 논지를 입증하기 위해서다. 어느 누구도 하룻밤 새에 신체를 훈련시키려는 생각은 하지 않는다. 그러나 유독 정신에 관한 한 즉각적인 효과를 바라는 사람이 너무도 많다. 새로운 사고방식을 배우는 일에 대해서도 겨우 한번 시도해보고 당장 몸에 익숙해지기를 바란다.

진정 노이로제 없는 자기실현을 원하고 자신의 선택을 통제할 수 있기를 바란다면, 그리고 현재 순간들의 행복을 얻기를 간절히 바란다면 우리는 매우 어려운 과제, 즉 지금껏 몸에 익숙해진 습관을 떨치는 일에 위에서 언급한 대로 그런 혹독한 정성을 기울일 필요가 있다.

이런 식의 자기실현을 이루기 위해서는 내가 내 정신의 주인이며 나의 감정을 스스로 통제할 수 있다고 끊임없이 마음속에 되새겨야 한다. 이 책의 나머지 부분은 그런 말들을 스스로에게 정확히 주지시켜 자기실현을 이룰 수 있게 돕는 내용이 될 것이다. 나는 선택할 수 있고, 온전히 나의 것인 현재의 순간들을 즐길 수 있다. 현재는 나의 것이다. 내가 나 자신의 기준이 되겠다는 결심만 한다면.

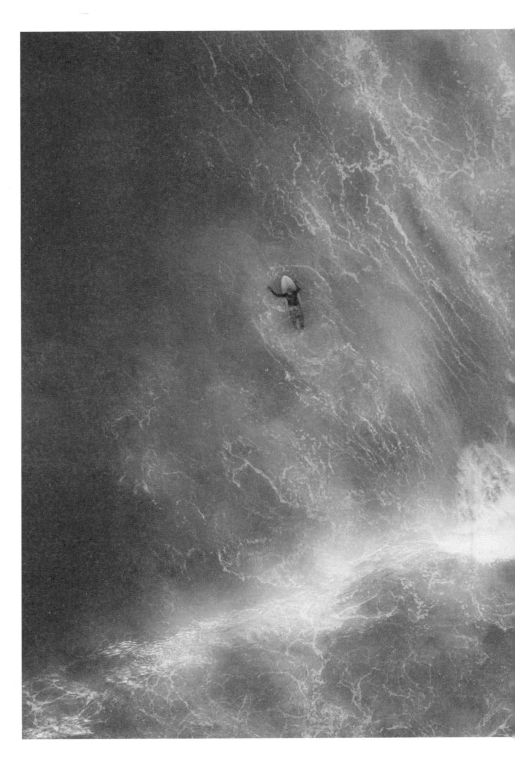

나를 먼저 사랑한다

나의 가치는 다른 사람에 의해 검증될 수 없다.
내가 소중한 이유는 내가 그렇다고 믿기 때문이다.
다른 사람으로부터 나의 가치를 구하려 든다면 그것은
다른 사람의 가치가 될 뿐이다.

우리는 모두 사회병에 걸려 있는지도 모른다. 그 병은 주사 한 방 정도로는 도저히 나을 수 있는 것이 아니다. 그것은 필시 '열등의식'이라는 전염병이다. 그 병에 대해 지금껏 알려진 유일한 치료 방법은 '자기사랑'이라는 약을 대량 복용하는 것뿐이다.

사회는 다른 사람들을 배려하라고 가르친다. 교회는 이웃을 사랑하라고 설교한다. 어느 누구도 자기 자신을 사랑하는 일은 안중에도 없는 듯 보인다. 하지만 진정 현재 순간들의 행복을 얻고자 한다면 자신을 사랑하는 법부터 배워야 한다.

어렸을 적에는 자신을 사랑하는 일이 매우 자연스러운 것이었다. 그러나 그 시절부터 우리는 자기사랑이 버릇없거나 조금은 건방진 일이라고 배웠다. 자신보다 다른 사람을 우선시하고 먼저 생각해주는 법도 배웠다. 그래야 내가 '좋은' 사람이라는 것을 내보일 수 있으니까. 또한 자신을 꾹꾹 누르는 법을 배웠을 뿐 아니라 "형제와 물건을 사이좋게 나눠 써라"와 같은 가르침을 받으면서 자랐다. 그 물건이 나의 보물 1호이건 값비싼 소유물이건 중요하지 않았다. 엄마와 아빠는 다른 어른들과 어른 장난감을 공유하는 것 같지 않았지만 그건 아무래도 상관없었다. 심지어 우리는 "나서지 말아라" 또는 "제 분수를 알아야 한다"는 말도 들었다.

아이들은 본래 자신을 아름답고 매우 귀중한 사람이라 여기도록 타고났다. 그러나 사춘기에 이를 즈음 사회의 가르침이 개인에 뿌리를 내린다. 그때가 되면 자기 불신이 활개를 친다. 그리고 이는 세월이 갈수록 더욱 심해진다. 결국 자신을 사랑한다는 주장을 내세우지 않게 된다. '다른 사람들이 나를 어떻게 여기겠는가!'라는 생각과 함께.

사회의 가르침이 암시하는 바는 미묘하지만 애초에 악의적인 의도를 담고 있지는 않다. 그러나 사람들을 일정 틀에서 벗어나지 못하게 한다. 아이들은 부모나 아주 가까운 친지는 물론 학교, 교회, 친척들로부터 '어른표' 예의범절을 배운다. 아이들은 결코 또래들끼리는 그런 식으로 행동하는 법이 없다. 설령 그런 식으로 예의를 차린다 해도 그것은 어른들을 기쁘게 해주기 위해서다. 항상 높임말을 쓰고 인사를 하며 어른이 들어올 때에는 자리에서 일어서고 자리를 뜰 때에는 양

해를 구하며 귀엽다고 뺨을 꼬집거나 머리를 툭툭 두드려도 참아낸다.

여기에서 알 수 있는 교훈은 자명하다. 어른은 중요하고 아이는 중요하지 않다는 것이다. 다른 사람들은 중요하고 자신은 중요하지 않다는 것이다. 자신의 판단이 당연히 가장 중요한 것이겠거니 하고 믿지 말라는 것이다.

여기에는 '예의'라는 가면을 쓴 의식 강화 수단들이 전진 배치되어 있다. '매너'라는 말로 변장한 그런 규칙들이 다른 사람들의 평가를 우리 생각 속에 각인시키는 가운데 그 대가로 자신의 가치를 내놓기까지 한다.

이런 판에 박힌 질문들과 자신을 부정하는 말들이 어른이 될 때까지 계속된다는 것은 사실 놀랄 일도 아니다. 이런 자기 불신이 자기실현을 어떤 식으로 방해를 하는 걸까? 당신은 다른 사람들을 사랑하는 중차대한 일이 힘에 부칠지도 모른다. 다른 사람에게 사랑을 주는 것은 자신을 얼마나 사랑하고 있는가와 직접적인 관계가 있기 때문이다.

자신을 먼저 사랑하라

'사랑'이라는 말의 정의는 그 정의를 내리는 사람에 따라 다 다르다. 그렇지만 하나로 정의하자면 이러하다. 사랑이란 '좋아하는 사람이 스스로를 위해 선택한 일이라면 무엇이나, 그것이 자신의 마음에 들건 안 들건 허용할 줄 아는 능력과 의지'다.

이 정의는 실천하기 그다지 어렵지 않게 보일 수도 있지만, 몸소 그 정의를 택할 수 있는 사람은 좀처럼 보기 드물다는 게 엄연한 현실이다. 어떻게 하면 기대에 어긋나서는 안 된다는 단서를 달지 않고 상대방이 택한 것을 허락해줄 수 있는 경지에 이를 수 있을까?

그것은 매우 간단하다. 자기사랑을 통해서다. 스스로를 중요하고 소중하며 아름답다고 느끼는 것이다. 일단 자기 자신이 얼마나 멋진 사람인지 인식하기만 하면 다른 사람으로 하여금 나의 지시를 그대로 따르게 만들면서 내 가치를 강조할 필요가 없어질 테니까. 나 자신에게 확신이 서면 다른 사람들이 나와 같아지기를 바라지도, 그것을 필요로 하지도 않는다. 나는 독특하다. 또한 상대방도 독특하다. 그런데 사랑하는 사람들이 나에게 순응하게 되면 그들 나름의 독특함을 잃게 된다. 내가 그들을 좋아했던 이유는 그들에게 남다른 구석이 있었기 때문이 아니었던가.

이제 논리가 맞아떨어지기 시작한다. 자신을 사랑하는 일을 잘하게 되면 어느 새 다른 사람들을 사랑할 줄 알게 된다. 나 자신을 위해 사랑을 베풀고 배려하면서 다른 사람들을 위해서도 넉넉해질 줄 알게 된다. 그렇다면 이제 사랑을 베푸는 행위는 결코 '손바닥으로 하늘을 가리는' 식이 아니다. 우리가 그런 일을 하는 이유는 고마워서나 보상을 바라서가 아니라 도와주는 사람이나 사랑하는 사람으로서 즐거움을 느끼기 때문이다.

나 스스로를 소중하지 않거나 사랑받지 못하는 사람 취급을 하면 다른 이들에게 사랑을 베푼다는 것이 불가능해진다. 내가 가치가 없는데 어떻게 남들에게 사랑을 베풀 수 있겠는가? 그런 내 사랑이 얼마만큼의 가치가 있을까? 사랑은 주고받는 것이다. 내가 가치 없는 사람이라면 내 사랑도 별 볼 일 없을 수밖에 없다. 사랑하는 일, 그리고 사랑을 주고받는 모든 일은 사랑을 듬뿍 받는 자아와 함께 출발한다.

노아라는 환자가 있었다. 노아는 아내와 자식들을 끔찍이 사랑했지만 사랑한다는 말을 하지 못했다. 그는 사랑 고백을 자신의 가치를 확인하는 일과 동일시했다. 사랑한다는 말을 하는 것은 노아로서는 지나치게 큰 위험부담을 지는 일이었다. "나도 당신을 사랑해"라는 답이 돌아오지 않을지도 모르며 그럴 경우 자신의 가치 전체가 시험대에 오를 터였기 때문이다.

그러나 노아가 자신이 사랑받는 사람이라는 전제에서 출발했더라면 문제는 달랐을 것이다. 그는 "사랑해"라는 말을 하는 데 어려움을 느끼지 않았을 것이다. 설령 그가 그토록 바라 마지않았던 "나도 당신을 사랑해, 노아"라는 말을 듣지 못한다 해도 그는 그 대답을 자신 고유의 가치와 무관하게 여길 것이다. 그 말을 꺼내기 전에 손상되지 않았던 그의 가치가 어찌 입 밖에 내어 말을 했다고 해서 달라지겠는가.

그가 사랑의 메아리를 듣든 못 듣든 그것은 그의 아내 또는 그가 당시 사랑하고 있던 사람의 문제다. 그는 상대방의 사랑을 '원할'지 모르지만 상대방의 사랑이 자신의 가치에 반드시 '필요'한 것은 아니다.

자신을 사랑할 줄 아는 능력을 저울질한답시고 자신에 대한 감정 모두를 못마땅하게 여길 수도 있다. 그러나 언제 어떤 상황에서도 자기혐오가 자기사랑보다 더 건전할 수는 없다는 점을 기억하라. 내가 스스로도 마음에 들지 않는 방식으로 행동했다 해도 나를 미워하면 무기력과 상처만 안게 될 뿐이다. 자신을 미워하지 말고 긍정적인 감정을 개발해야 한다. 실수에서 배우고 다시는 그런 실수를 되풀이하지 않겠노라 결심하되 그것을 자신의 가치와 연결 짓지는 말라.

여기에 자기 지향적인 사랑과 타인 지향적인 사랑의 핵심이 있다. 엄연한 기정사실인 자신의 가치를 자신의 행동과, 또는 나에 대한 다른 사람의 행동과 절대 혼동하지 말라. 다시 한번 말하지만 이것은 쉬운 일이 아니다. 사회가 쓰는 어투는 단정적이다. 예를 들면 "너는 좋지 않은 행동을 했어"가 아니라 "너는 나쁜 아이야", "엄마는 네가 그렇게 행동하지 않았으면 좋겠어"가 아니라 "엄마는 네가 그렇게 행동할 때가 제일 싫어" 하는 식이다. 그런 말을 듣다 보면 "엄마는 나를 좋아하지 않아. 그래도 그건 엄마 생각이야. 엄마 마음에 안 들더라도 나는 여전히 중요해"가 아니라 "엄마는 나를 좋아하지 않아. 난 바보임에 틀림없어"라는 결론에 도달하게 된다. 다른 사람의 생각을 스스로에게 각인시키고 그것을 자신의 가치와 동일시하는 것이다.

어렸을 적 형성된 사고방식은 옷처럼 쉬이 벗어 던질 수 없다. 많은 사람들의 자아상이 다른 사람들이 나를 어떻게 보고 있느냐에 바탕을 두고 있다. 우리의 본디 '이력'은 어른들의 평가에서 얻어진 것이 사실이지만 그것을 언제까지고 지니고 다녀야 할 이유가 어디 있단 말인가.

그렇다. 그런 낡은 굴레를 벗어 던지고 상처를 깨끗이 치료하는 것은 대단히 어려운 일이다. 그러나 그런 굴레에 그대로 매달리는 것은 그 결과를 생각할 때 오히려 더 큰 문제가 될 수 있다. 생각을 바꿔라. 그러면 자신을 사랑하는 놀라운 선택을 할 수 있다.

사랑을 잘하는 사람들은 어떤 사람들일까? 자신을 망치는 행동을 일삼는 사람들일까? 천만에. 그들이 스스로를 깎아내리고 구석으로 숨는가? 천만에. 그렇지 않다. 사랑을 주고받는 일을 잘하게 되는 것은 가정에서 이제는 생활방식이 되어버린 온갖 자기 구박 행위에 종지부를 찍겠다는 다짐과 함께 출발한다.

나의 가치는 내 행동이나 감정과 무관하다

지금 우리가 가장 먼저 깨뜨려야 할 그릇된 통념은 우리가 단 하나의 자아상을 가지고 있다는 것이다. 그리고 그것이 긍정적이거나 부정적이라는 이분법적 분류 기준을 가지고 있다는 것이다. 그러나 실은 우리의 자아상은 한두 개가 아니다. 또한 시시각각 변한다.

"자기 자신을 좋아하는가?"라는 질문에 자신의 부정적인 이미지만 떠올려 "아니요"라고 대답하고 싶은 생각이 들지도 모르겠다. 그러나 싫어하는 부분을 세분화하면 내가 노력을 기울여야 할 명확한 목표가 생길 것이다.

우리들은 육체적, 지적, 사회적, 감정적 측면에서 자기 자신에 대해 나름의 평가를 내리고 있다. 또한 음악, 운동, 미술, 기계 조작, 글쓰기 등의 분야에서도 자신이 어느 정도의 능력을 갖고 있는지에 대해 자기평가를 내리고 있다.

우리는 활동의 수만큼이나 많은 자아상을 갖고 있으며 항상 그 모든 행동을 통해 '내'가 존재한다. 우리는 우리 자신을 받아들일 수도 있고 거부할 수도 있다. 언제나 내 뒤를 따라다니는 친숙한 그림자이자 내 행복이나 나름의 뛰어난 부문에 대한 가치 평가가 나 자신과 한데 묶여서는 안 된다. 나는 존재한다. 나는 인간이다. 이것이 나에게 필요한 모든 조건이다.

나의 가치는 나 자신이 결정하는 것이며 어느 누구에게도 설명할 필요가 없다. 기정사실인 나의 가치는 내 행동이나 감정과도 무관하다. 나의 행동이 마땅찮게 느껴지는 때가 아예 없진 않겠지만, 그렇다 해도 그것은 나의 가치와는 무관하다. 나는 언제까지고 나 자신에게 소중한 사람이 되겠노라 작심할 수 있다. 더 나아가 나의 자아상을 잘 가꿔나갈 수 있다.

자신의 몸을 사랑하라

자아상은 무엇보다 신체에서 출발한다. "자신의 신체에 만족하는가?"라는 질문에 "아니요"라고 대답하고 싶다면 그 이유를 세세히 파헤쳐봐야 한다. 자신이 못마땅하게 여기는 신체 부위를 종이에 적어보자. 먼저 머리에서부터. 즉 머리카락과 이마와 눈, 눈꺼풀, 뺨부터 시작한다. 입, 코, 이빨, 목은 마음에 드는가? 팔, 손가락, 가슴은 어떤가? 긴 목록을 작성하라. 내장도 역시 포함시킨다. 신장, 비장, 동맥, 대퇴부도 생각해본다. 이제 이름도 생소한 부분들로 들어가 보자. 롤란도 열구, 달팽이관, 귓바퀴, 아드레날 샘, 목젖은 어떤가? 철저하게 자신을 점검하기 위해서는 매우 긴 목록을 만들 필요가 있다. 우리는 멋진 몸을 '갖고' 있는 것이 아니다. 내 몸이 바로 나다. 그러므로 자신의 몸을 싫어한다는 것은 자신을 인간으로서 받아들이지 않겠다는 말이나 매한가지다.

그러나 사실 마음에 들지 않는 신체적 특징이 있을 수 있다. 그것이 바꿀 수 있는 신체 부위라면 그 특징들을 바꾸는 것을 한 가지 목표로 삼아라. 위가 너무 비대하거나 머리카락 색깔이 어울리지 않는 경우라면, 그런 특징들을 과거에 내렸던 결정이라 여기고 이제 그 결정을 뒤집겠다고 생각하면 된다. 또한 싫지만 바꿀 수 없는—다리가 너무 길거나 눈이 작거나 가슴이 너무 크거나 또는 너무 작은 경우—부분이라면 보는 각도를 새롭게 해볼 수 있다. 어떤 신체 부위에도 '너무'라는 형용사가 붙을 수 없다. 다리가 길고 짧은 것이 털이 많거나 또는 무모증보다 더 못할 것도, 더 나을 것도 없다.

우리는 현대사회가 아름다움에 대해 내린 정의에 넘어간 것이다. 내가 어디가 매력적인가에 대해 다른 사람들이 이래라 저래라 지시하지 못하게 하라. 자신의 신체를 좋아하겠다고 결심하고 자신의 신체가 자신에게 소중하고 매력적이라고 스스로에게 선언하라. 그렇게 함으로써 다른 사람들의 비교나 평가는 거들떠보지도 말라. 내가 좋아하는 것은 내가 결정한다. 자신을 못마땅하게 생각했던 태도는 이제 과거지사로 묻어버려라.

우리는 인간이다. 인간 고유의 체취를 갖고 있고 소리를 내며 머리카락도 일정 길이로 자란다. 그러나 사회와 기업들은 인간의 신체적 조건에 관한 특정 메시지를 내보낸다. 인간 고유의 특징들에 대해 부끄럽게 생각해야 한다고 떠벌리는 것이다. 다시 말해 가면을 쓰는 행위를 배우라는 것이다. 특히 자사 제품으로 당신들의 진짜 모습을 위장하는 게 좋다고 말한다. 자신을 있는 그대로 받아들이지 말고 진짜 모습을 숨기라고 한다!

자기 수용이란 자신의 모든 신체적 조건을 좋아한다는 의미다. 신체적 아름다움에 대한, 예를 들어 화장을 하지 않았을 때에는 봐주기 힘들다는 식의 문화적 강요를 떨쳐낸다는 뜻이다. 뽐내며 돌아다녀야 한다는 말이 아니다. 자신 안에서 내밀한 기쁨을 찾는 법을 배울 수 있다는 의미다.

대다수 여성들은 문화가 전달하는 메시지를 받아들이면서 신체에 관한 한 사회에서 기대되는 방식대로 행동한다. 다리와 겨드랑이 털을 밀고 체취를 없애고 이국적 향수를 몸에 뿌리며 구취를 없애고 눈, 입, 뺨에 화장품을 덕지덕지 바르고 소위 '뽕브라'를 하고 성기에도 향수를 뿌리며 손톱에는 온갖 위장을 한다.

이런 추세에는 자연스러운 나, 본질적으로 인간 고유의 나에게는 뭔가 불쾌한 것이 있으며 인공적으로 꾸며야만 매력적이 될 수 있다는 뜻이 내포돼 있다. 이는 매우 슬픈 대목이다. 최종 결과물은 나의 자연스러운 자아의 자리를 차지한 가식적인 나다.

우리는 있는 그대로의 아름다운 자신을 마땅찮게 여기도록 부추김을 당하고 있다. 부추기는 광고 회사들이야 짭짤한 수익을 올리기 위해서 그런다 치고, 그런 물건을 사는 우리는 도대체 왜 그러는가? 이는 진짜 모습을 내던지기로 마음먹은 것이나 다름없는 일이다. 아름답고 자연스러운 우리의 모습을 감추지 않아도 된다. 어떤 식으로든 화장품의 도움을 받아야겠다고 생각한다 해도 자신을 싫어하는 마음이 바탕에 깔려서는 안 된다. 새로운 모습을 원하고 개인적 성취를 추구하는 방편으로 삼기 위해서 화장을 해야 한다. 이 영역에서 스스로에게 솔직해지기란 쉽지 않다. 그리고 내 마음에 드는 것과 내 마음에 들 거라고 광고 회사에서 떠들어대는 것을 구별하는 법을 배우는 데에는 시간이 걸린다.

똑똑함의 기준은 나에게 있다

신체적 이미지뿐 아니라 그 밖의 다른 경우에도 이런 식의 마음가짐이 가능하다. 자기 나름의 기준을 적용하면 누구나 자신을 똑똑하다고 생각할 수 있다.

사실 행복할 줄 아는 사람이 똑똑한 사람이다. 수학, 철자법, 글쓰기 등을 잘 못한다면 그것은 단지 지금껏 그런 일에 시간을 적게 들인 탓이다. 충분한 시간을 바치겠다고 마음만 먹는다면 틀림없이 잘 해낼 수 있을 것이다. 자신을 그다지 똑똑하지 않은 사람이라 생각한다면 1

장에서 똑똑함과 관련해 살펴본 내용을 되새겨보라.

스스로를 과소평가하고 있다면, 그것은 우리가 사회 통념에 넘어가 학교 성적을 기준으로 자신을 다른 사람과 비교하기 때문이다.

의외라고 생각할지 모르겠지만 우리는 원하는 만큼 얼마든지 공부도 잘할 수 있다. 학문적 소양은 실상 어느 정도 타고난 특질이라기보다 어느 정도의 시간을 들이느냐에 더 좌우된다. 이 사실은 학업 성취 테스트를 위한 표준 학력 검사 성적에서 증명되고 있다. 그 검사 결과에 따르면 한 학년의 최고 점수는 그 위 학년의 대다수 학생들이 받은 점수였다.

또 다른 연구 결과에 따르면 일부 학생들은 비교적 빠른 속도로 숙달의 경지에 이르지만 대다수 학생들이 속도는 늦더라도 어쨌든 결국에는 학습 과제를 완전히 숙달하는 것으로 나타났다. 하나의 기술을 완전히 숙달하기 위해 다른 사람보다 시간이 더 많이 걸린다는 이유만으로 '성적 부진아'나 '열등아'라는 꼬리표를 붙이는 경우가 적지 않다. 이 점과 관련해 존 캐럴John Carroll은 「학교 학습에 관한 연구」라는 제목의 논문에서 이렇게 지적하고 있다.

학문적 소양은 학습자가 학업을 완전히 숙달하는 데 필요한 '시간의 총화'다. 이 정의 안에는 사실상 충분한 시간만 주어지면 어떤 학생이라도 학습 과제를 습득할 수 있다는 가정이 들어 있다.

충분한 시간을 들여 노력만 하면, 그리고 마음만 먹으면 거의 모든 학문상의 기술을 숙달할 수 있다. 하지만 당신은 그렇게 하려 들지 않는다. 하긴 그럴 만도 하다. 현재 순간들의 에너지를 그런 식의 애매모호한 문제 해결이나 흥미도 없는 일을 배우는 데 쏟을 이유가 뭐가 있겠는가. 행복하고 알차게 살며 사랑하는 것이 훨씬 멋진 목표다. 요컨대 성적이 좋다는 것은 전적으로 유전에 의해 결정되는 것도, 혹은 외부로부터 주어지는 것도 아니다.

우리는 얼마든지 원하는 만큼 똑똑해질 수 있다. 그러나 자신이 똑똑해지기로 마음먹은 정도에 대해 못마땅하게 생각하는 것은 자기 경멸이다. 그것은 자신의 일생에 치명적인 결과를 안겨줄 뿐이다.

마음가짐에 따라 원하는 자아상을 가꿀 수 있다는 논리는 마음속에 새겨져 있는 자신의 모습 하나하나에 적용된다. 우리는 마음만 먹으면 얼마든지 사회생활에서도 두각을 나타낼 수 있다. 자신의 사회적 행동방식이 스스로 마음에 들지 않으면 그 행동을 변화시키고 자신의 가치와 혼동하지 않도록 노력할 수도 있다. 마찬가지로 미술, 기계, 운동, 음악 등과 관련된 능력도 대체로 자신이 선택한 결과이기 때문에 자신의 가치와 혼동돼서는 안 된다.

감정이 자신이 선택한 결과라는 점은 앞 장에서 이미 살펴봤다. 자신에게 어울린다고 생각되는 것을 바탕으로 하는 자기 수용도 지금 당장에 결정을 내릴 수 있는 선택 사항이다. 그 기준에 못 미치는 면들을 수정해가는 것은 즐거운 일이 될 수 있다. 자신에게 고쳐야 할 점이 있다고 해서 오로지 그것 때문에 자신을 쓸모없는 사람이라고 생각할 이유는 없는 것이다.

자기혐오는 여러 가지 모습으로 나타난다. 어쩌면 지금도 우리는 자신을 깎아내리는 행위를 일삼고 있을지 모른다. 전형적으로 반복되는 자기 거부 행위를 몇 가지 들어보겠다.

- 칭찬을 받았을 때 도리어 그 칭찬을 물리친다. "어떻게 저 같은 것이…."
- 멋져 보이는 데에도 변명이 필요하다. "미용사 작품이야. 어찌나 솜씨가 좋던지."
- 받아 마땅한 공을 다른 사람에게 돌린다. "마이클이 없었으면 난 아무것도 할 수 없었을 거야."
- 타인 중심적인 화법을 사용한다. "내 남편 말이…."
- 자신의 의견에 대해 다른 사람들의 검증을 받는다. "맞나요?"
- 원하는 것을 주문하지 않는다. 돈이 없어서가 아니라—그게 이유라고 주장하지만—자신에게 돈 쏠 필요가 없다고 생각하기 때문이다.
- 오르가슴을 느끼지 않는다.
- 자신에게 필요한 물건을 사는 데 인색하다. 희생이 필요하지 않은 상황인데도 자신이 아닌 다른 사람을 위해 돈을 써야 한다고 생각하기 때문이다. 또는 자신이 갖고 싶어 하는 물건들을 사지 않는다. 자신에게는 그만한 돈을 쓸 가치가 없다고 생각하기 때문이다.
- 여자친구가 데이트 신청을 받아들이면 자신을 동정해서 그랬을 뿐이라 생각한다.

자신을 낮추지 말라

내 환자 가운데 셜리라는 젊은 여성이 있었다. 무척 매력적이어서 남성들이 줄줄 따라다녔다. 그러나 셜리는 자신이 연애만 하면 깨지고 결혼을 절실히 원하는데도 결코 기회가 오지 않았다고 불평했다.

셜리와 상담을 한 결과 그녀 스스로 자신도 모르게 상대방과의 관계를 모조리 망치고 있었다는 결론이 내려졌다. 젊은 남성이 그녀에게 호감이나 사랑을 고백하면 셜리는 마음속으로 '저 사람이 저렇게 말하는 이유는 내가 그 말을 듣고 싶어 한다는 것을 알고 있기 때문이야'라고 반박했다. 셜리는 항상 자신의 가치를 인정하지 않을 말을 찾았다. 자기 자신에 대한 사랑이 없었기 때문에 그녀는 자신을 사랑해 주려고 하는 사람의 노력도 뿌리쳤다. 그 누구도 자신을 매력적으로 생각할 리 없다고 단정해버린 것이다.

위에 든 예들 가운데 상당수는 사소해 보일지 모르지만 자기 거부의 정도를 가늠할 수 있는 작은 지표들이다. 자신을 희생하거나 자신에게 너그럽게 돈을 쓰지 않는다면, 그리고 정작 돈을 쓴다 해도 스테이크 대신 햄버거를 먹는 정도인 경우가 다반사라면 자신이 더 나은 대접을 받을 만한 사람이 아니라고 스스로 생각하고 있다는 증거다. 셜리도 어쩌면 칭찬은 으레 사양하는 게 예의라는 말을, 또는 사실 자신이 매력적이 아니라는 말을 들어왔는지 모른다. 그런 말들을 계속 가슴 속에 받아들인 결과 자신을 부정하는 행위가 이제 제2의 천성이 되어버렸는지도 모른다.

일상적 대화나 행동 여기저기에 나타나는 자기 거부 행위의 예들은 무수히 많다. 그리고 어떤 식으로든 자기 비하를 일삼게 되면 그것은 다른 사람들이 자신의 어깨 위에 올려놓은 괜한 걱정거리를 더욱 끌어안는 결과가 된다. 그리고 자기사랑이든, 타인과의 사랑이든 사랑과 관련된 모든 기회를 빼앗기게 된다.

당신은 분명 스스로를 비하하기에는 너무나 소중하다!

스스로를 불평하지 말라

자기사랑이란 자신을 소중한 사람으로 받아들이는 것이다. 받아들인다는 것은 불만이 없다는 뜻이다. 알차게 살고 있는 사람들은 절대 불평하는 법이 없다. 바위가 거칠다고, 하늘이 찌푸렸다고, 얼음이 너무 차갑다고 쓸데없이 불평을 늘어놓지 않는다. 받아들인다는 것은 불평하지 않는 것이며, 행복하다는 것은 자신이 어찌해 볼 도리가 없는 일들을 놓고 한탄하지 않는 것이다.

불평은 자기 신뢰가 없는 사람들의 피난처다. 다른 사람들에게 자신의 탐탁찮은 구석들에 대해 말하다 보면 그 불만은 계속된다. 다른 사람들도 그렇지 않다고 말해주는 게 고작일 뿐 해줄 수 있는 게 거의 하나도 없는 경우가 대부분이다. 타인의 말을 믿지 않기 때문이다.

다른 사람들에게 푸념해봤자 아무 소용없다. 마찬가지로 다른 사람들이 나를 찾아와 자기 연민과 하소연으로 가득 찬 불평 보따리를 풀면서 나를 괴롭히도록 내버려두는 것도 전혀 도움이 안 된다. 대체로 그런 쓸모없고 불유쾌한 행동을 물리치고 싶을 때에는 "뭐야, 불평만 하다니. 제게 할 말이 그렇게 없나요?" 또는 "제가 어떻게 해줄 수 있는 일이 아닌 것 같은데요"와 같은 말 한마디면 된다.

자신에게도 이와 똑같은 질문을 해보면 투덜거린다는 것이 얼마나 어리석기 짝이 없는 행동인지 알게 될 것이다. 불평은 시간 낭비다. 그럴 시간이 있으면 마음속으로 묵묵히 자신을 칭찬해준다든가 다른 사람이 알차게 살아가도록 도움을 주는 등 자기사랑을 연습하는 편이 훨씬 보람된 일이다.

이 세상에서 가장 못난 불평 두 가지가 있다. 지쳤다고 투덜거리는 것과 기분이 좋지 않다고 푸념하는 것이다. 지쳤다고 느낄 때 분명 여러 가지 해결 방법이 있을 텐데도 사랑하는 사람이나, 또는 누가 될지는 모르지만 어느 가엾은 영혼에게 불평을 하는 것은 그 사람을 함부로 대하는 행동이다. 더구나 불평을 해봤자 피곤이 조금이라도 풀리는 것도 아니다. 이와 똑같은 논리가 "기분이 안 좋아"에도 적용된다.

나의 감정을 다른 사람에게 알려서 상대방이 나에게 조금이라도 힘이 되어줄 수 있는 경우를 말하는 게 아니다. 문제는 투덜거리는 소리를 참고 들어주는 수밖에 아무런 도움도 줄 수 없는 사람들에게 불평하는 것이다. 정말로 자신을 사랑하기 위해 노력하고 있는데도 힘들고 괴롭다면 누군가에게 비비며 내 짐을 함께 져주길 바라기보다 스스로 어떻게든 해결하기 위해 노력하고 싶은 마음이 들 것이다.

자신에 대해 불평하는 것은 무익한 일이며 효과적으로 삶을 꾸려나

가지 못하게 한다. 자기 연민을 부추기고 사랑을 주고받고자 노력할 수도 없게 한다. 게다가 사랑하는 이와 사이가 더 좋아지거나 교제 범위를 넓힐 수 있는 기회도 앗아간다.

불평을 하면 주위의 관심을 끌 수는 있을지 모르나 그렇게 해서 받은 관심은 자신의 행복에 어두운 그림자를 드리울 게 뻔하다. 불평 없이 자신을 받아들일 수 있기 위해서는 상호 배타적인 관계에 있는 자기사랑과 불평 모두를 이해해야 한다.

진정 자신을 사랑한다면 아무런 도움도 주지 못할 사람에게 불평을 늘어놓는 행동은 하지 않을 것이다. 그리고 자신 또는 다른 사람에게서 좋지 않은 점을 발견할 때 푸념하기보다는 그것을 고치기 위해 필요한 노력을 적극적으로 할 것이다.

여러 사람들과의 모임에 참석할 기회가 생기면 연습 삼아 이런 간단한 조사를 해보자. 실제로 대화 가운데 어느 정도가 불평이었는가를 죽 메모해보라. 자신부터 시작해서 다른 사람, 상황, 물가, 날씨 등의 순으로. 자, 이제 모임이 끝나고 모두 집으로 돌아갈 때 정리해본다.

"오늘밤 늘어놨던 불평들 가운데 어느 것에 어떤 소득이 있었는가?"

"우리가 오늘밤 하소연한 일들 모두에 진정 관심을 기울였던 사람이 누구였는가?"

그리고 앞으로 내 입에서 불평이 튀어나오려고 하면 지금의 허탈함을 기억하라.

자기사랑에 대한 내 설명이 병적 이기심과 비슷한 꼴사나운 행동

같은 것으로 여겨질 수도 있다. 그러나 그것은 잘못 생각해도 한참 잘못 생각한 것이다. 자기사랑은 자신이 얼마나 훌륭한가를 떠벌리는 행동이 아니다. 그런 행동은 허세를 부리며 다른 사람의 관심과 인정을 받기 위한 노력일 뿐이다. 또한 자기 비하로 가득 찬 사람의 행동만큼이나 히스테릭한 것이다.

으스대는 행동은 다른 사람들의 호감을 사려는 시도다. 즉 다른 사람들이 자신을 어떻게 바라보는가를 바탕으로 자신을 평가하고 있는 것이다. 그렇지 않고서야 다른 사람들을 납득시킬 필요 따위는 느끼지 않을 테니까.

자기사랑은 스스로를 사랑하는 일이다. 그것은 다른 사람들의 사랑을 반드시 필요로 하지 않는다. 다른 사람들의 눈치를 살필 필요도 없다. 자기 인정만으로 충분하다. 다른 사람들의 눈을 의식하지 말라.

자신을 사랑하지 않는 사람들

대체 왜 사람들은 자신을 사랑하려 들지 않는 걸까? 그래서 무슨 이득이 있을까? 그렇게 해서 얻을 수 있는 '떡고물'이라고 해봐야 바람직하지 못한 것들뿐이겠지만 그래도 한번 살펴보자.

자신을 망치는 행동을 하는 이유를 이해하는 것은 알찬 삶을 살아가기 위해 꼭 거쳐야 하는 일이다. 모든 행동에는 원인이 있다. 오류지대의 행동을 없애기 위해 가야 할 길 여기저기에는 '자기 동기 오해'

라는 구덩이들이 많이 패여 있다. 일단 자신을 싫어하는 이유와 그런 생각을 계속 유지시키는 심적 구조를 이해하면 공략에 나설 수 있다. 자신을 제대로 이해하지 못하면 케케묵은 행동들이 계속 되살아날 것이다.

  스스로를 깎아내리는 행동을 일삼는 이유는 무엇일까? 그 이유는 아마 자기 자신에 대한 평가보다 다른 사람들이 말해주는 평가를 통째로 받아들이는 편이 훨씬 수월하기 때문일 것이다. 자신을 사랑하려 들지 않는 사람들의 생각 속으로 깊이 들어가 보자.

- 자신이 사랑받지 못하는 이유에 대해 몸에 밴 변명을 한다. 자신은 사랑을 되돌려 받을 만한 가치가 없다는 것이다. 이런 변명은 히스테릭하게 자기 비하를 일삼은 결과다.
- 다른 사람을 사랑하는 데 따르는 모든 위험을 피할 수 있다. 그럼으로써 행여 퇴짜를 맞거나 거절당할 가능성을 미연에 제거한다.
- 지금 이대로가 훨씬 속 편하다고 생각한다. 스스로 가치가 없다고 단정 짓는 이상 성장하거나 개선되거나 더 행복하기 위해 노력할 필요가 없다. 그리고 그렇게 해서 얻을 수 있는 보상은 현상유지다.
- 다른 사람들로부터 많은 연민과 관심, 심지어는 동조를 얻을 수 있다. 사랑하는 관계로 얽히는 부담스러운 일에 대한 남부럽지 않은 대안이 될 수 있다. 물론 결국에 가서는 자신을 망치게 하는 원인이 된다.
- 자신의 불행에 대해 탓을 돌릴 편리한 희생양이 많이 있다. 줄곧 볼

멘소리를 내기만 할 뿐 스스로 그 불행에 대해 조치를 취할 필요가 없다.

- 퇴행해 어린아이로 되돌아간다. 마음 깊숙한 곳에 남아 있던 유아 반응을 불러내면서 자신보다 주위의 영향력 있는 '어른들'의 기분을 살핀다. 퇴행하는 것이 위험을 무릅쓰는 것보다 더 안전하다고 생각하는 것이다.
- 자신보다 다른 사람을 훨씬 중요하게 생각하면서 한층 더 의존적인 태도를 취할 수 있다. 그런 사람들을 기둥 삼아 기대고 있다가 그 기둥이 무너진다 해도.

이런 생각들이 하나둘 모여 자신을 깎아내리고 그 한심한 상태를 지속시키는 심리 구조를 만들고 있다. 애써 일어서려는 것보다 주저앉아 있는 편이 훨씬 덜 위험할뿐더러 속 편하기 그지없는 일이기 때문이다. 그러나 기억하라. 살아 있다는 것의 유일한 증거는 성장이다. 따라서 자신을 사랑하는 사람으로 성장하는 일을 모른 척하는 것은 '죽은 삶'을 살겠다고 작정하는 것이나 다름없다. 자신의 행위에 대한 이런 통찰로 무장하고 있으면, 그리고 어느 정도 몸과 마음을 훈련시키면 자기사랑이 새록새록 커갈 것이다.

자신을 사랑하는 법

자기사랑 훈련은 먼저 마음에서 시작된다. 자신의 생각을 통제하는 법을 몸에 익혀야 하는 것이다. 그러려면 자신을 얕잡아보는 식으로 행동하려 할 때 그것을 즉시 깨달을 필요가 있다. 그때 자신을 돌이켜보면 자신의 행동 배후에 있는 사고방식이 옳은지 그른지를 점검할 수 있다.

"난 사실 그다지 머리가 좋지 않아. 시험 성적이 좋았던 것은 단지 운이 따랐기 때문이야."

이런 말을 해버렸다면 그 순간을 포착해야 한다. 그때 내 머릿속에서는 경종이 울려야 한다.

"내가 또 그랬어. 나 자신을 깎아내리는 행동을 해버렸어. 하지만 이제 깨달았으니까 앞으로 다시는 내가 지금껏 입버릇처럼 내뱉었던 그런 말들을 하지 않도록 조심해야지."

방법은 입 밖으로 소리 내어 자신의 말을 고치는 것이다. "내가 방금 운이 좋았다고 말했지만 사실 운 때문이 아니었어. 이번엔 내가 얼마나 노력을 했는지 몰라"라는 식으로.

이것은 자기사랑으로 향하는 작은 발걸음이다. 자신을 비하하는 그 순간을 인식하고 그렇게 하지 않겠다고 결정을 내리면서 내딛는 첫 걸음이다. 예전에는 습관적으로 자기 비하를 했더라도 지금은 변하고 싶다는 인식을 하고 있으며 이제 실천에 옮기겠다는 선택을 내린 것이다.

이것은 자동차 운전 교습을 받을 때와 매우 비슷하다. 운전 습관이 몸에 배는 것처럼 결국에 가서는 늘 의식하지 않아도 될 새로운 습관을 갖게 될 것이다. 마찬가지로 자신을 귀중하게 여기다 보면 이내 그런 태도가 몸에 배게 되고 어떤 일이라도 자연스럽게 행동할 수 있을 것이다.

이제 우리는 자신의 마음을 결코 배신당할 염려 없는 우리 편으로 끌어들였기 때문에 자신을 사랑하는 생기 넘치는 행동을 할 일만 남았다. 자기를 사랑하는 사람은 이렇게 행동한다.

- 사랑이나 호의를 갖고 접근해오는 사람들의 시도에 새롭게 반응한다. 사랑을 표현하는 제스처에 의심부터 품는 대신 "고마워" 또는 "그렇게 생각해줘서 기뻐"라고 말하면서 받아들인다.
- 진심으로 사랑을 느끼는 사람이 있으면 솔직하게 "사랑해"라고 말한다. 그리고 그에 대한 답으로 무슨 반응을 얻게 될까를 탐색하는 대신 그 가슴 떨림을 감당한 데 대해 스스로를 격려해준다.
- 레스토랑에 가면 아무리 값이 비싸더라도 정말로 먹고 싶은 것을 주문한다. 나는 그럴 만한 가치가 있으니 나 자신에게 한턱낸다. 식료품점을 포함해 어디를 가든 마음에 드는 물건이 있을 때 가질 수 있는 즐거움을 누린다. 정말 좋아하는 물건이 있으면 그것에 빠져든다. 나는 그만한 가치가 있기 때문이다. 이 세상에 절대적으로 필요하지 않은 것이란 거의 없는 법이다.
- 어떤 단체에 가입하거나 즐길 만한 활동에 참가한다. 지금껏 너무

많은 책임에 짓눌려 짬을 낼 수 없다는 이유로 그런 활동들을 미뤄 왔을지 모른다. 내가 챙겨야 할 다른 사람들은 어떻게든 저들대로 버려나가는 법을 터득할 것이다.

- 질투하지 않는다. 질투는 스스로를 깎아내리는 행위다. 그 사람이 내가 아닌 다른 사람을 선택한다면 그것은 그의 문제다. 나와는 아무 상관없다. 자기사랑 연습을 하면 내가 예전에 시샘을 느꼈던 상황도 달리 보일 것이다.

- 성적으로도 자기사랑을 실천할 수 있다. 알몸으로 거울 앞에 서서 내가 정말 매력적이라고 스스로에게 말하라. 그러면 자신의 몸과 교감할 수 있다. 성관계를 할 때에도 상대방의 쾌감을 우선하지 말고 나의 성적 쾌감을 만족시켜라. 대체로 자신이 만족을 얻어야 비로소 상대에게도 만족을 줄 수 있다. 성관계의 모든 단계의 속도를 늦추고 사랑하는 사람에게 말과 동작으로 좋아하는 방식을 주문해도 좋다. 누구나 자신을 위해 오르가슴을 선택할 수 있다.

- 어떤 일을 하는 능력을 나 자신의 가치와 동일시하는 일에 종지부를 찍는다. 나는 실직할 수도 있고 사업에 실패할 수도 있다. 이런저런 일을 처리하는 방법이 스스로 마음에 들지 않을지도 모른다. 그러나 그것은 내가 가치가 없다는 것을 뜻하지 않는다. 자신을 위해 꼭 알아둬야 할 일이 있다. 나는 성취도와 상관없는 나만의 가치가 있다는 것. 이 사실을 깨닫지 못한다면 언제까지고 자신의 가치와 자신의 표면적 행동을 혼동하는 고집을 부리게 될 것이다.

지금까지 자신을 사랑하는 사람들의 행동 몇 가지를 살펴봤다. 어렸을 때 배웠던 가르침과 어긋나는 점도 많을 것이다. 그러나 한때 우리는 자기사랑의 화신이었다. 어렸을 때 우리는 자신이 소중하다는 것을 직감적으로 알고 있지 않았는가.

다시 한번 자신에게 이런 질문을 던져보자.

"불평 없이 나 자신을 받아들일 수 있는가?"

"늘 나 자신을 사랑할 수 있는가?"

"나는 사랑을 베풀고 받을 수 있는가?"

이 문제들은 얼마든지 노력을 기울일 수 있는 것들이다. 이 세상에서 가장 아름답고 재미있고 소중한 사람과 사랑에 빠지기 위한 자기만의 목표를 정하라. 그 소중한 사람은 물론 나 자신이다.

다른 사람의 시선에서 벗어난다

다른 사람의 평가에 연연하는 것은
다른 사람이 나를 어떻게 생각하느냐가
내가 나를 어떻게 생각하느냐보다
훨씬 중요하다고 말하는 것이나 다름없다.

다른 사람의 인정을 구하는 일은 필요조건이 아닌 그저 희망사항이 되어야 한다. 박수갈채를 좋아하지 않을 사람이 있을까? 누구나 치켜세워주면 기분이 좋고 그런 대우를 받기를 원한다. 그러나 반드시 그럴 '필요'는 없다.

인정을 받는 것 그 자체가 불건전하다는 말이 아니다. 사실 입에 발린 말은 감칠맛 나게 기분 좋다. 인정을 구하는 일이 나를 망치는 나쁜 습관, 즉 자기실현의 오류지대가 되는 경우는 그것이 희망사항이 아닌 필요조건이 되었을 때이다.

인정을 '원하고' 있다가 다른 사람에게서 정말로 인정을 받게 되면 더없이 기쁘다. 그러나 인정을 반드시 '필요로' 할 때 인정을 받지 못하면 온몸에서 기력이 빠져나가면서 무너져 내린다. 그때가 바로 자기 파괴적인 힘이 끼어드는 순간이다.

다시 말해 인정을 구하는 일이 필수불가결한 조건이 될 경우 자신의 상당 부분을 '외부인'에게 내맡기는 꼴이 된다. 그 사람이 인정을 해주지 않으면 의욕을 상실하여 무기력 상태가 된다. 그 정도가 아무리 미약하더라도 말이다. 이는 자기 가치라는 옷을 겉옷 위에 한 겹 더 껴입은 다음 다른 사람이 알아주는지 알아주지 않는지 노려보고 있는 것이나 같다. 그리고 그 사람들이 찬사를 베풀어주려는 경우에만 기분이 좋아지는 것이다.

남의 눈치를 살피는 것도 꽤나 바람직하지 못한 일이지만 자신의 행동 하나하나에 대해 '모든' 사람의 인정을 필요로 하는 경우는 참으로 문제다. 그런 필요조건을 갖고 있다면 살아가면서 몹시 마음 상하고 실망하게 될 것은 불 보듯 뻔하다. 게다가 김빠진 시시한 자아상만 보여주면서 결국 앞 장에서 살펴본 것과 같은 자기 거부에 빠질 것이다.

인정을 필요조건으로 삼는 일은 없어야 한다! 여기에는 이론의 여지가 전혀 없다. 자기실현을 방해하는 그런 오류지대는 말끔히 제거해야 한다. 그런 잘못된 습관을 갖고 있는 것은 심리적으로 막다른 골목에 치달은 경우로, 나에게 전혀 득 될 것이 없다.

인생을 엮어가다 보면 상당한 반대에 부닥칠 때가 종종 있다. 그것이 바로 인간이 살아가는 방식이며 '살아 있다'는 것에 대해 치러야 할 세금 같은 것이다. 그것은 피할 수 없는 일이다.

언젠가 나는 전형적인 '인정 필요형 인간'인 한 중년 남성을 치료한 적이 있다. 오지라는 이름의 그 남성은 낙태, 출산 정책, 중동 전쟁, 워터게이트, 정치 등 논란이 일고 있는 여러 세상사에 관해 주관을 갖고 있었다. 그러나 그는 자신이 내놓은 의견에 누군가가 냉소적인 반응을 보일 때마다 크게 당황했다. 그는 자신의 말이나 행동에 일일이 다른 사람들의 인정을 받으려고 애를 썼다.

한번은 장인과 함께 안락사를 화제로 이야기를 나눴다. 오지는 자신이 안락사를 찬성한다는 투로 운을 뗐다. 그러자 장인이 못마땅해 눈썹을 치켜 올렸다. 이를 눈치 챈 오지는 즉각, 거의 반사적으로 자신의 입장을 수정했다.

"제 말은 만약 환자가 의식이 확실한 상태에서 안락사를 요구한다면 그 경우에는 괜찮지 않느냐는 거지요."

그는 장인이 자신의 말에 수긍하는 기색을 보이자 그제서야 약간 숨을 돌렸다. 그는 직장의 상사와도 안락사에 대해 얘기했다. 그러자 이번에는 맹렬한 반론에 부딪혔다.

"어떻게 자네는 그런 말을 할 수 있나? 그것은 인간이 신을 흉내 내는 행위라는 걸 모르나?"

오지는 그런 식의 반박을 감당해낼 자신이 없었다. 그래서 그는 재빨리 논조를 바꿨다.

"제 말뜻은 매우 극한 상황에서만큼은, 그러니까 뇌사로 판명된 환자의 경우에는 안락사를 허용해도 괜찮을 것 같다는 거지요."

마침내 상관은 떨떠름하게 고개를 끄덕였고 오지는 다시 한번 곤경을 면했다. 그는 자신의 형과 함께 있을 때에도 안락사에 관한 자신의 생각을 말해보았는데 이번에는 즉각 의견의 일치를 보았다.

"휴…."

이번에는 수월했다. 자신의 주장을 인정받기 위해 입장을 수정하지 않아도 됐기 때문이다.

이상은 자신이 다른 사람들과 대체로 어떻게 지내는가를 설명하면서 오지가 예로 든 것들이다. 오지는 자신만의 확고한 입장을 갖지 못한 채 사람들 사이에서 갈대처럼 이리저리 흔들렸다. 동조를 받고 싶은 욕구가 너무도 강렬한 나머지 그는 다른 사람의 마음에 들기 위해 늘 입장을 바꿨다. 오지 자신은 없고 그의 감정과 생각, 그리고 말을 결정하는 다른 사람들의 우연한 반응만 있을 뿐이었다. 오지는 다른 사람들이 원하는 식대로 자신의 모습을 바꿨다.

반드시 인정을 받아야만 한다면 진실은 꼭꼭 숨게 마련이다. 반드시 동조를 얻어야만 한다면, 그래서 그런 신호를 내보낸다면 어느 누구도 나를 있는 그대로 대할 수 없을 것이다. 나 또한 생각하고 느끼는 바를 언제 어느 때고 자신 있게 말할 수 없다. 다른 사람들의 의견이나 편향된 생각에 희생이 되는 것이다.

정치가 부류는 대체로 신뢰받지 못한다. 그들은 엄청나게 많은 사람들의 동조를 필요로 한다. 인정을 받지 못하면 그들은 설 곳을 잃게 된다. 따라서 그들은 한 입으로 두 말하는 경우가 허다하다. 이 집단의 기분을 맞추기 위해서는 이런 말을 하고 저 집단의 칭찬을 얻기 위해서는 저런 말을 한다. 말하는 사람이 모든 이의 마음에 들 요량으로 교묘하게 이랬다저랬다 입장을 바꾸면 진실은 있을 수 없다.

이런 식의 행동은 정치가들에게서 쉽게 발견되지만 우리들 사이에서도 아예 없는 것은 아니다. 어떤 이의 노여움을 달래기 위해 '중립 노선'을 취하거나 홀대당할까 두려워 마지못해 고개를 끄덕이지는 않았는가? 질책받으면 기분이 안 좋을 줄 뻔히 알기에 그것을 피해 행동을 수정하는 것이다.

비난을 감당하기보다 동조를 이끌어내는 것이 훨씬 수월하다. 그러나 그렇게 속 편한 길을 택하면 자신에 대한 다른 사람의 평가를 자신의 의견보다 한층 높게 떠받들게 된다. 이것은 수렁이다. 헤어나기 힘든 현대사회의 덫이다.

인정을 필요조건으로 삼는 덫에 빠지면 다른 사람의 생각에 휘둘리게 된다. 그 덫을 피하기 위해서는 그런 심리 상태를 자라게 하는 요인을 살펴보는 것이 중요하다.

자, 이제 사람들이 너나없이 남의 눈치를 살피게 된 과정을 간단히 살펴보자.

눈치 보는 법을 가르치는 세상

다른 사람의 눈치를 살피는 행동의 바탕에는 이런 가정이 깔려 있다. "자신을 믿지 마라. 먼저 다른 사람에게 확인하라."

우리의 문화는 다른 사람의 눈치를 살피는 행동을 하나의 생활방식으로 강화하고 있다. 틀에 얽매이지 않는 자주적 사고는 우리 사회의 보루를 이루고 있는 사회제도의 눈엣가시인 셈이다. 이 사회에서 자란 이상 누구나 그런 속성에 젖어 있을 수밖에 없다.

"자기 자신을 두고 맹세하지 마라"라는 말은 다른 사람의 평가에 연연하는 태도의 본질이며 우리 문화의 근간을 이룬다. 다른 사람의 의견을 자신의 의견보다 중요시하게 되면 인정을 받지 못할 경우 우울해지고 자기 비하와 자책감에 빠지게 되는 것은 당연한 결과다. 다른 사람들이 자신보다 훨씬 중요하기 때문이다.

인정을 해주는 것은 매우 교묘한 조종 수단이다. 그의 가치가 타인에게 내맡겨져 있어서 다른 사람들이 동조해주지 않으면 그는 허깨비나 다름없기 때문이다. 가치 없는 사람으로 만들어버리는 것이다.

따라서 자기 자신을 인정하고 다른 사람이 고개를 가로저어도 의연할 수 있도록 노력하는 것이야말로 다른 사람의 통제로부터 벗어날 수 있는 길이다. 그러나 그런 바람직한 행동에는 '이기적이다' '무심하다' '제멋대로다' 등의 꼬리표가 붙는다. 우리를 종속적으로 매어두기 위해서다.

조종의 악순환을 이해하려면 우리 문화가 다른 사람의 눈치를 살펴라는 메시지를 얼마나 많이 쏟아내고 있는가를 생각해봐야 한다. 그런 메시지는 유아기부터 시작하여 지금 이 순간에도 계속 화살처럼 쏟아지고 있다.

인격이 형성되는 시기에 있는 어린아이들은 자신에게 중요한 어른들, 예를 들어 부모님의 동의를 반드시 받아야 하는 줄로 알고 있다.

그러나 칭찬은 착한 행동에만 주어져서는 안 된다. 또한 아이는 자신의 말이나 생각, 감정, 행동에 일일이 부모의 동의를 구할 필요도 없다. 자립심은 요람 안에서도 배울 수 있는 것이며 칭찬을 갈구하는 자세와 사랑을 구하는 일이 혼동되어서는 안 된다.

어른들의 인정을 필요로 하는 태도에서 벗어나라고 독려하기 위해서는 아이에게 애초에 많은 칭찬을 해주는 것이 필요하다. 아이가 성장한 후에도 부모의 허락을 받지 않고서는 아무것도 할 수 없다고 느낀다면 자기 불신이라는 노이로제의 씨앗이 이미 어렸을 적부터 뿌려진 탓이다.

여기에서 설명하고 있는 남의 눈치를 보는 오류지대 행동은 부모의 동의를 먼저 구하지 않고서는 불안해 못 견디는 아이의 경우를 살펴본 것이지, 다정다감한 부모의 사랑과 칭찬을 원하는 지극히 건전한 경우를 말하는 게 아니다.

가정 내에서 어린아이에게 주어지는 자립의 메시지는 거의 없다. 자녀를 소유물로 생각하는 부모의 궁극적인 믿음 때문이다. 부모는 자녀가 스스로를 위해 생각하도록, 스스로 문제를 해결하도록, 스스로에 대한 믿음을 키우도록 돕기보다 자녀를 소유물로 취급하는 경향이 있다.

레바논 태생의 철학적 수필가이자 소설가 칼릴 지브란Khalil Gibran은 자신의 대표작인 『예언자The Prophet』에서 소유물 취급을 받는 아이들에 대해 열띤 어조로 이렇게 말하고 있다.

당신의 자녀는 당신의 자녀가 아니다.

그들은 생명 자체를 갈망하는 생명의 아들, 딸들이다.

그들은 당신을 통해서 나왔지, 당신에게서 나온 것이 아니다.

그들은 당신 곁에 있지만 당신에 속해 있지 않다.

가족이라는 단위는 의존과 동의를 필요로 하는 습관을 키운다. 물론 애초 의도는 악의적이지 않다. 자녀에게 어떤 불행도 일어나지 않기를 바라는 부모들이 자녀를 위험에서 보호하고자 하는 것이니까.

그러나 그 결과는 의도했던 바와는 정반대로 나타난다. 어려움에 부닥쳤을 때 자신만의 문제를 해결하거나 모욕을 당했을 때 대처하는 것, 명예를 위해 싸우는 일, 자기 나름의 방식을 터득하는 것 등 자신 감을 쌓는 방법을 알아가면서 자기만의 무기를 갖추기는커녕 평생 자주적인 행동의 무기고를 짓는 것이 불가능해진다.

'동조를 구하라'라는 가르침은 십중팔구 아주 어렸을 때 전달됐을 가능성이 크다. 그 가운데 일부는 자녀의 안전과 건강을 지켜주기 위해 부모님께 여쭤보라고 했던 것이다. 그러나 다른 사람들로부터 인정을 받을 수 있는 행동, 즉 '바른 생활'행동을 가르치기 위해 전달된 가르침들이 훨씬 많이, 그리고 훨씬 비중 있게 자리 잡고 있다. 애초에 당연히 주어져야 할 그런 인정을 받기 위해 반드시 다른 사람의 기분을 먼저 맞춰야 한다고 생각하게 한다.

요컨대 인정이 중요하지 않다는 것이 아니다. 자녀에게 인정은 언제든 주어져야 하는 것이지, 마땅한 행동을 한 보상으로 주어져서는 안 된다는 것이다. 자긍심과 다른 사람의 인정을 혼동하도록 부추겨서는 안 된다.

학교에 들어간다는 것은 동조를 구하는 사고와 행위를 드러내놓고 주입시키려는 제도에 입문하는 일이다. 학교에서는 하는 일마다 허락을 구해야 하며 스스로의 판단에 의존해서 할 수 있는 게 거의 없다. 화장실에 가도 되느냐고 선생님께 여쭤본다. 정해진 자리에 앉는다. 제 자리를 뜨면 벌점이 붙는다. 모두 타인의 통제를 받는 인간을 양성하기 위한 것이다.

스스로 생각하는 법이 아닌 생각하지 않는 법을 배우며 그렇게 선생님께 일일이 여쭤보는 식의 교육에 길들여져 있다 막상 졸업식 날이 되면 자기 혼자서는 아무것도 생각할 수 없게 된다. 인정을 탐하고 다른 사람의 인정을 얻는 일이 성공이나 행복과 동급이라고 배운 것이다.

학생은 다른 사람을 위해 공부하도록, 교수의 마음에 들도록, 다른 사람의 기대치에 차도록 훈련받아왔다.

인정에 호소하는 사회

인정을 탐하는 병을 얻게 되는 곳은 가정이나 학교뿐만이 아니다. 교회도 큰 영향을 미친다. 하나님 또는 예수, 그리고 자신 이외의 누군가를 기쁘게 해야 하는 것이다. 교회의 지도자들은 위대한 종교 지도자들의 가르침을 잘못 해석하고 천벌에 대한 두려움을 무기 삼아 순응을 가르치려 든다. 따라서 도덕적으로 행동하는 이유는 그런 행동이 자신에게 타당하다고 판단해서가 아니라 하나님이 바라는 행위이기 때문이다. 뭔가 미혹한 점이 있으면 자기 자신이나 자신의 믿음에 의지해서는 안 되며 계율을 들여다보라는 것이다. 누군가 그렇게 하라고 시키기 때문에, 그리고 그렇게 하지 않으면 벌 받을까 두려워 그렇게 행동하는 것이다. 올바른 행동이라고 스스로 판단했기 때문이 아니다.

이렇듯 기성 종교는 인정을 구하는 사람들의 욕구에 호소한다. 종교 계율에 따른 행동이 우연히 자신이 택하려고 했던 행동과 일치할 수도 있다. 그러나 그런 행동 역시 자유의지에 따라 선택된 것이 아니다.

자기 자신을 지침으로 삼고 외부의 힘에 의존하지 않는 것이야말로 가장 종교적인 체험이다. 그 참된 종교 안에서 인간은 자신의 양심과 자신을 지탱하는 문화를 축으로 자신의 행동을 결정할 수 있다. 누군가로부터 지시를 받아서가 아니다.

주의 깊게 살펴보면 예수 그리스도는 놀랍도록 자기실현을 이룬 사람이라는 것을 알 수 있다. 자립을 설파했으며 남들로부터 비난을 살까 두려워하지도 않았다. 그러나 대다수 그의 추종자들은 그의 가르침을 왜곡시켜 두려움과 자기혐오의 교리로 탈바꿈시켰다.

정부 역시 인정을 구하는 사람들의 욕구를 체제 순응의 수단으로 삼는 제도의 또 다른 예다.

"자신을 믿지 마라. 국민들에게는 혼자 살아갈 능력도 재력도 없다. 우리가 돌봐주겠다. 세금 청구서가 나가기도 전에 돈을 써버릴 우려가 있으니 세금은 원천징수하겠다. 스스로를 위해 결정을 내리거나 저축할 수 없다고 생각되므로 사회보장 제도의 가입을 의무화하겠다. 국민들은 스스로 생각할 필요가 없다. 우리가 대신해서 국민의 삶을 통제하겠다."

국민을 위한 봉사와 사회 통치라는 본연의 책임을 넘어서는 정부의 예는 이외에도 수두룩하다.

만약 현존하는 모든 규칙을 지켜야 한다고 생각하면 하루에도 몇 번이고 규칙을 어기게 될 것이다. 쇼핑할 수 있는 시간, 술을 마셔서는 안 되는 시간, 시간과 장소에 맞춰 입어야 하는 옷, 성행위를 즐기는 방법, 말할 수 있는 내용, 보행이 가능한 장소 등 온갖 것들에 대한 규칙이 있다.

다행히 그런 규칙들 대다수가 지켜지지 않고 있다. 그렇지만 정작 규칙을 제정하는 이들은 사람들에게 무엇이 도움이 되는지 훤히 알고 있으며, 그것도 누구보다 훨씬 명백히 알고 있다고 자처하는 무리들인 경우가 많다.

우리는 날이면 날마다 다른 사람의 동조를 구하도록 종용하는 무수히 많은 문화 메시지 세례를 받고 있다. 매일 듣는 발라드풍의 노래도 언뜻 무해한 듯 들리지만 다른 사람의 인정을 구하는 메시지로 가득차 있다. 특히 불티나게 팔리는 '대중'가요가 대표적인 예다. 그런 감미로운 노래는 생각보다 폐해가 훨씬 크다. 누군가가 혹은 무언가가 자신보다 훨씬 중요하다는 신호를 내보내기 때문이다.

아래에 예로 든 노래 가사는 특별한 누군가에게 인정을 받지 못하면 '나'는 무너져 내릴 것이라는 내용을 담고 있다.

"당신 없이는 살 수가 없어요."
"당신은 날 정말 행복하게 해요."
"누군가의 사랑을 받을 때까지 난 아무것도 아니었어요."
"당신 덕분에 난 새로 태어난 느낌이에요."

TV 광고 또한 인정을 탐하는 사고방식에 특별한 호소력을 지니고 있다. 그런 짧은 광고 문구들은 사람들이 자사 물건을 사게 만들려는 제조업체의 술책인 경우가 많다. 여기에는 다른 사람의 의견이 자신의 의견보다 훨씬 중요하다는 생각을 강조하는 방법이 사용된다.

두 가지 광고 상황을 설정해보자.

어느 날 오후 친구들이 장기나 한 판 두자며 어떤 사람의 집으로 찾아와 대화를 나눈다. 첫 번째 친구, 냄새를 킁킁 맡으며 몹시 못마땅한 투로 "어젯밤에 생선구이 해 먹었어?"라고 묻는다. 두 번째 친구,

역시 마땅찮은 어조로 "조지는 아직도 담배를 태우는구나"라고 말한다. 다른 사람들이 자신의 집에서 나는 냄새를 싫어하고 있기 때문에 집주인의 얼굴에는 곤혹스러운 표정, 아니 심한 낭패감이 떠오른다.

이 광고가 전달하는 심리적 메시지는 "당신에 대해 다른 사람이 어떻게 생각하느냐가 당신의 생각보다 훨씬 중요하다. 따라서 당신 친구들의 마음에 들지 않으면 당신은 기분 나빠 마땅하다"라는 것이다.

랍스터 파티에서 한 고객의 목에 냅킨을 둘러주던 웨이트리스가 '옷 칼라에 죽 둘러 낀 때'를 본다. 그 사람의 아내는 생판 낯선 그 웨이트리스가 무슨 말이라도 할까 봐 창피해 주눅이 든다.

구강청정제, 치약, 탈취제, 특수 스프레이 광고 등은 다른 사람의 눈치를 살펴야 하는 우리의 심리에 호소하는 메시지를 가득 담고 있다. 다른 사람의 눈총을 받지 않으려면 그 특정 상품을 사야 한다는 것이다.

광고주들은 비열하게도 왜 그런 전술을 쓰는 걸까? 그 수법이 통하기 때문이다! 팔리기 때문이다! 그들은 사람들이 다른 사람들의 인정을 받고자 하는 욕구에 감염되어 있다는 사실을 간파하고 그것을 이용해 딱 들어맞는 메시지를 내보낼 수 있는 간명한 문구를 만든다.

우리는 이렇듯 인정을 탐하는 태도를 높이 사고 장려하는 문화에 노출되어 있다. 다른 사람들의 생각에 지나치게 큰 비중을 두고 있는 자신을 발견하는 것은 별로 놀랄 일이 아니다. 여태껏 그렇게 행동하도록 길들여져 왔기 때문이다.

가족들이 불현듯 당신의 자립심을 키워줘야겠다고 생각한다 해도 부수적인 문화적 요인들이 방해 공작을 편다. 그러나 우리는 다른 사람의 눈치를 살피는 습관에 매달릴 필요가 없다. 자신을 구박하는 습관을 없앨 수 있듯이 다른 사람의 평가에 연연하는 습관 역시 없앨 수 있으니까.

미국의 소설가 마크 트웨인Mark Twain은 『멍청이 윌슨Puddinhead Wilson's Calendar』에서 다른 사람의 눈치를 살피는 나쁜 습관을 없애는 방법에 대해 설득력 있게 지적하고 있다.

습관은 습관이다. 창밖으로 단숨에 내던질 수 있는 것이 아니라 한 번에 한 계단씩 아래로 내려가라고 꼬드겨야 하는 것이다.

이 세상의 절반은 나와 생각이 다르다

세상이 움직이는 방식을 보라. 요컨대 우리는 결코 이 세상 모든 사람의 마음에 들 수는 없다. 사실 50% 정도 사람들의 마음에 들어도 꽤나 성공한 것이다. 세상에는 절반 정도의 사람들이 타인의 말 절반 정도에 고개를 끄덕인다. 그 사실은 대통령 선거만 봐도 알 수 있다. 압승을 거둔 선거라 해도 반대 유권자의 비율이 44%에 이른다. 이 비율이 정확하다면 의견을 개진할 때마다 반대에 부딪힐 확률은 50 대 50이다.

이 사실을 알고 있으면 다른 사람의 반대를 새로운 시각으로 바라볼 수 있다. 누군가 나의 말에 동의하지 않으면 상처받거나 동조를 얻기 위해 즉각 의견을 바꾸지 않고 그저 나와 의견을 달리하는 50% 사람들 가운데 한 사람을 우연히 만났겠거니 생각하면 된다.

나의 느낌, 생각, 말, 행동 하나하나에 늘 어느 정도의 반대가 있을 것이라고 마음에 새겨두면 실망의 터널에서 빠져나올 수 있다. 일단 반대를 예상하고 있으면 비난의 말을 들어도 그 때문에 상처를 입지는 않을 테니까. 그뿐 아니라 어떤 생각이나 느낌에 대한 반대를 나에게 핀잔 주는 것으로 여기는 일도 없을 것이다.

하늘이 두 쪽이 난다 해도 다른 사람의 반대를 피할 수는 없다. 아무리 손사래를 쳐서 뿌리쳐도 소용없다. 내가 가진 모든 의견에는 정반대되는 의견이 있게 마련이다. 자기 거부와 마찬가지로 다른 사람의 평가에 연연하는 태도 역시 다양한 오류지대의 행동을 보인다. 남의 눈치를 보는 가장 흔한 증상은 이러하다.

- 누군가 못마땅한 기색을 보이면 자신의 입장이나 신념을 바꾼다.
- 누군가의 호감을 사기 위해 비위를 맞춘다.
- 반대 의견에 부딪혔을 때 우울해하거나 불안해한다.
- 누군가를 '속물'이나 '젠체하는 사람'으로 깎아내린다. 그러나 그것은 "내게 관심을 가져달라"고 말하는 또 다른 방법일 뿐이다.

- 전혀 수긍하지 않는 말에도 지나치리만큼 찬성이나 동조의 반응을 보인다.
- 누군가를 위해 궂은일을 해주면서 거절하지 못했던 것에 씩씩거린다.
- 약삭빠른 판매 사원이 윽박지르는 바람에 원하지도 않은 물건을 사거나 그가 싫어할까 봐 차마 도로 물리지도 못한다.
- 죽음, 이혼, 강도 등 나쁜 소식을 퍼뜨리면서 사람들의 주목을 끌고 있다는 느낌을 즐긴다.
- 말을 할 때나 무언가를 사고 싶을 때 또는 어떤 일을 할 때 자기 인생에서 중요하다고 생각되는 사람의 허락을 받는다. 그 사람이 화를 낼까 두려워서다.
- 어떤 일을 할 때마다 사과를 한다. 지나친 "미안해요"는 다른 사람들이 자신을 용서하고 늘 인정해주기를 바라는 마음에서 비롯된다.
- 주의를 끌 목적으로 삐딱하게 행동한다. 이런 노이로제는 다른 사람의 인정을 받기 위해 순응하는 행동이나 매한가지다. 따라서 양복을 쫙 빼입은 옷차림에 운동화를 신는다든가 으깬 감자를 한 국자씩 퍼먹는 등 시선을 끌기 바라는 것 역시 다른 사람의 인정을 구하는 일이다.
- 걸핏하면 고의로 늦는다. 그러면 어쩔 수 없이 튀어 보이게 되고, 그것은 다른 사람들의 관심을 끌기 위한 술책이 된다. 눈에 띄고 싶은 마음에 그런 행동을 하는 것이겠지만 결과적으로는 주목해주는 사람들의 손아귀에 들어가게 되는 셈이다.

- 다른 사람 앞에서 '짐짓' 아는 체를 하며 전혀 모르는 어떤 사실에 대해 잘 알고 있는 듯한 느낌을 주기 위해 노력한다.

다른 사람의 눈치를 살피는 행위의 예가 어디 이뿐이겠는가. 사람 사는 곳이면 어디에서건 쉽게 찾아볼 수 있다. 그러나 그런 행동이 꼴불견이 되는 것은 다른 사람들로부터 인정을 받기 위해 '안달복달'하는 경우만이다. 그것은 자신을 포기하는 행동이다. 또한 자신의 감정에 대한 책임을 동조해주는 상대방의 손에 쥐어주는 것과 다를 바 없는 것이다.

자꾸 다른 사람의 눈치를 살피게 되는 이유

남의 눈치를 살피는 오류지대 행위를 하게 되는 '이유'를 살피면 그것을 없애는 전략을 짜는 데 도움이 될 것이다. 우리가 다른 사람의 평가에 히스테릭하게 연연하는 이유는 무엇일까? 인정받는 것을 필요조건으로 삼을 때 우리가 얻을 수 있는 보상은 이러하다.

- 자신이 느끼는 감정에 대한 책임을 다른 사람에게 전가할 수 있다. 다른 사람에게 인정받지 못했다는 이유로 한심한 기분이 들거나 상처 입거나 우울해지면 그런 감정에 대한 책임이 다른 사람에게 있다고 생각할 수 있다.

- 다른 사람이 선뜻 동조를 해주지 않아 기분 나빠졌다고 생각하면 자신이 조금이라도 변하는 일 역시 있을 수 없다. 왜냐하면 내가 기분 나쁜 것은 그들의 잘못이기 때문이다. 내가 변할 수 없는 것도 다른 사람의 책임인 것이다. 따라서 인정을 갈구하면 자신을 변화시킬 필요가 없어진다.

- 다른 사람들이 나의 감정을 책임지고 있는 한, 그리고 내가 변하지 않는 한 위험을 감수하지 않아도 된다. 결과적으로 인정을 구하는 것을 자연스러운 행동이라고 여기고 매달리면 살아가면서 위험을 감수해야 할 일을 편리하게 회피할 수 있다.

- 다른 사람들이 나에게 더 관심을 가져줘야 한다고 생각한다. 그 결과 자신 안에 들어 있는 유아 본능으로 되돌아가 응석을 부리거나 보호를 받으려 하는 등, 결국 다른 사람의 조종을 받는다.

- 나의 감정을 다른 사람 탓으로 돌리고 마음에 들지 않는 일이 생기기만 하면 자신을 희생양이라고 생각한다.

- 나보다 훨씬 중요하게 생각하는 다른 사람들의 호감을 사고 있다는 착각에 빠진다. 그 결과 속으로는 불만이 부글부글 끓더라도 겉으로는 편안한 척한다. 다른 사람들이 훨씬 중요하다면 겉치레가 한층 중요한 셈이다.

이런 노이로제 보상은 자기혐오로 얻게 되는 보상과 일맥상통한다. 사실 책임감, 변화, 위험을 기피하는 일은 이 책에서 설명하는 모든 오류지대의 생각과 행동의 중심을 이룬다. 그럴듯한 의학 용어를 들이

대지 않아도 이런 오류지대 행위들에 매달리는 것이 훨씬 속 편하고 친숙하며 위험부담이 적다는 것을 알 수 있다. 다른 사람의 눈치를 살피는 오류지대도 예외는 아니다.

인정은 애타게 구할수록 멀어진다

잠깐 상상에 잠겨보자. 정말로 모든 사람으로부터 인정받기를 원하며 그런 일이 가능하다고 가정해보자. 한 걸음 더 나아가 그것이 건전한 목표라고 가정해보자.

그렇다면 그 목적을 달성할 수 있는 최선의, 그리고 가장 효율적인 방법은 무엇일까?

이 질문에 답하기 전에 내가 알고 지내는 사람들 중에서 가장 많은 인정을 받고 있는 듯한 사람을 떠올려보라. 그 사람은 어떤 사람인가? 어떤 행동을 하는 사람인가? 그의 어떤 면이 모든 사람들의 호감을 사는가?

어쩌면 당신 머릿속에 떠오른 그 사람은 솔직하고 뒤끝 없고 단도직입적이며 다른 사람들이 뭐라 하든 개의치 않으며 자신의 역량을 충분히 발휘하는 사람일지도 모른다. 어쩌면 그 사람은 동조를 구할 시간적 여유조차 거의 없는 사람일지도 모른다. 그는 필시 결과를 걱정하지 않고 상황을 있는 그대로 말할 수 있는 사람일 것이다.

어쩌면 그는 요령이나 수완보다는 정직을 더 중요시할지도 모른다.

그는 다른 사람의 감정을 상하게 하는 사람이 아닐 것이다. 교묘하게 말을 돌리고 다른 사람의 감정을 상하지 않게 하는 것이 상책이라고 조심스러워하면서 잔머리를 굴릴 시간이 거의 없는 사람일 것이다.

이 얼마나 얄궂은가.

가장 많은 인정을 받는 듯싶은 사람들은 인정을 구하려는 노력을 전혀 기울이지 않고 애초 인정을 구하고자 하는 바람이 전혀 없는 데다 인정을 구하는 데 집착하지 않는 사람들이다.

이에 적절한 예가 될 수 있는 짧은 우화를 소개한다.

어미 고양이가 자기 꼬리를 좇아 빙글빙글 돌고 있는 새끼 고양이를 보고 물었다.

"왜 그토록 네 꼬리를 따라다니는 거냐?"

새끼 고양이가 말했다.

"고양이에게 가장 귀중한 것은 행복이고, 그 행복은 제 꼬리라는 걸 알았어요. 그래서 꼬리를 따라다니는 거예요. 내가 꼬리를 붙잡으면 행복을 얻게 될 거예요."

어미 고양이가 말했다.

"아들아, 나도 그런 우주 섭리에 관심을 가진 적이 있단다. 나도 행복이 내 꼬리 안에 있다고 생각했지. 하지만 내가 꼬리를 따라다닐 때마다 꼬리는 계속 내게서 멀어지기만 할 뿐이었다. 그런데 내가 바쁘게 일을 하자 꼬리는 내가 가는 곳이면 어디든 따라오더구나."

정말 얄궂게도 인정을 받고 싶을 때 가장 효과적인 방법은 인정을 원하지 않고 그 뒤를 좇지 않으며 모든 사람에게서 인정을 구하지 않는 것이다. 나 자신과 대화하고 긍정적인 자아상에 자문을 구하면 더 많은 칭찬이 제 발로 찾아올 것이다.

물론 하는 일 모두에 모든 사람의 찬성이 있을 수는 없다. 그러나 스스로를 소중하게 여기면 인정을 받지 못하더라도 결코 주눅 드는 일은 없을 것이다. 그렇게 되면 당신의 눈에 비난은 이 세상을 살아가는 자연스러운 결과로 비칠 것이다. 사람들은 저마다 '제 눈의 안경'으로 세상을 바라보기 마련이기 때문이다.

시선으로부터 나를 지키다

다른 사람의 눈치를 살피는 행위를 없애기 위해서는 그런 행위를 계속할 경우 빠지게 되는 노이로제 보상에 대해 알 필요가 있다. 반대 의견에 부닥쳤을 경우 자신을 한 차원 높일 수 있는 방향으로 생각을 바꾸는 것이야말로 가장 효과적인 전략이다. 그것 말고도 인정을 얻는 데 급급한 상태에서 풀려나기 위한 비법 몇 가지를 소개한다.

- 반대 의견에 부딪히면 '너'로 시작하는 참신한 반응으로 대처할 것. 이를테면 친구가 내 의견에 동의하기는커녕 화까지 냈다고 치자. 이럴 경우 내 입장을 바꾸고 변명하기보다 그냥 "'너' 화났구나. '너'

는 내가 이런 식으로 생각해선 안 된다고 생각하니?"라고 반문해보라. 그렇게 하면 비난을 하는 사람은 상대방이고 나는 거기서 따로 분리되어 나올 수 있다는 것을 깨닫게 될 것이다.

- 누군가 나의 성장에 도움이 될 만한 사실을 알려준다면, 비록 그것이 마음에 들지 않아도 고마워할 것. 고마워하는 행동은 인정을 구하는 태도를 사라지게 한다. 예컨대 남편이 "당신은 수줍음이 많고 예민해. 그런 점이 마음에 들지 않아"라고 말했다 치자. 그럴 경우 남편의 마음에 들려고 애쓰지 말고 남편이 그 사실을 지적해준 것에 그냥 고마워하라.

- 다른 사람의 반대 의견을 적극적으로 구한 뒤 흥분하지 않도록 노력해볼 것. 일부러라도 내 의견에 반대할 만한 사람을 찾아내어 그 반대에 대놓고 맞서면서 자신의 입장을 차근차근 주장해보라. 그렇게 하면 화를 내지 않고 자신의 의견을 바꾸지 않아도 되는 일에 한층 능숙해질 것이다. 그런 '반대 의견'은 예상했던 것이며 꼭 반응을 보일 필요는 없다고, 사실 나와 아무 상관없는 것이라고 자기 자신에게 말하게 될 것이다. 반대 의견을 피하기보다 찾아 나섬으로써 불만에 효율적으로 대응하는 기술을 쌓게 될 것이다.

- 다른 사람의 생각, 말, 행동과 내 가치 사이의 연결고리를 끊을 것. 비난에 부딪혔을 때 자신에게 이렇게 말해보라. "이건 그 사람의 문제야. 내 저렇게 나올 줄 알았어. 하지만 나하고는 상관없는 일이야." 이런 접근법을 취하면 다른 사람의 감정과 자신의 생각을 연결시키면서 자초하게 되는 마음의 상처를 입지 않을 수 있다.

- 나를 도무지 이해하지 못할 사람들이 상당수에 이를 것이며 그래도 괜찮다는 단순 명백한 사실을 받아들일 것. 뒤집어서 말하면 나도 내 주변의 수많은 사람들을 이해하지 못한다. 또 이해할 필요도 없다. 그들은 나와 다른 사람인 걸 어찌 하겠는가.

- 배우자나 다른 사람에게 "여보, 그렇죠?" "안 그래요, 랠프?" "마리한테 물어보면 돼. 그럼 될 거야"라고 말하는 등 자신의 생각을 다른 사람에게 확인하며 검증해 버릇하는 일을 그만둘 것.

- 자신이 다른 사람의 눈치를 살피는 행동을 할 때마다 소리를 내어 그것을 바로잡을 것. 그렇게 함으로써 자신에게 그런 기질이 있음을 인식하고 새로운 행동 습관을 기를 수 있다.

- 내가 방금 말한 것이 정말이지 나빴다고 생각되지 않는다면 이런저런 변명을 늘어놓지 말 것.

- 대화를 나누면서 내가 말하는 시간을 재보고 그 시간을 배우자나 아는 사람들이 말하는 시간과 비교해볼 것. 말을 아끼도록. 꼭 해야 할 필요가 있을 때에만 말하는 사람이 되도록 노력하라.

- 모임에 참가하면 다른 사람이 내 말을 자르는 경우가 얼마나 많은지, 그리고 모임에 참가한 다른 사람과 동시에 말을 할 경우 스스로 물러서는 쪽이 나은지를 살필 것. 남의 눈치를 살피다 보면 비굴해질 수 있다. 그런 일이 불쑥불쑥 일어날 때 자신의 행동을 명백히 밝히면서 말허리를 잘리지 않고 말할 수 있는 전략을 생각해본다.

- 자신이 하는 말 가운데 물어보는 말들이 얼마나 많은지 순서대로 나열해볼 것. 단정적으로 말하지 않고 물어보는 형식을 취하거나

허가 또는 동조를 구하는가? 예를 들어 "날씨가 좋네요, 그렇죠?" 라는 질문은 상대방에게 문제를 해결하는 역할을 제시하고 자신은 동조를 구하는 입장으로 밀려나게 한다. 간단히 "날씨 좋네요"라고 말하는 것은 대답을 구하려는 시도가 아니라 단정적인 말이다. 내가 다른 사람에게 항상 말꼬리를 올리고 있다면 별것도 아닌 일에 늘 인정을 구하고 있는 것이다.

이상은 반드시 남의 동조를 받아야만 하는 습관을 없애기 위한 첫걸음들이다. 다른 사람의 평가에 연연하는 태도를 티끌 하나 없이 말끔히 없앨 수는 없지만, 공치사를 받지 못했다고 해서 무기력하게 되지 않도록 다소나마 노력할 수는 있다.

칭찬은 즐거운 일이며 인정 역시 그렇다. 그러나 우리는 박수갈채를 받지 못했을 때 느낄 괴로움에 대비해 면역을 길러야 한다. 다이어트를 하는 사람이 막 배불리 먹고 난 뒤 다이어트에 대한 자신의 열정을 시험하지 못하는 것처럼, 또 담배를 끊겠다는 사람이 금방 한 개비를 태우고 난 뒤 자신의 결심을 저울질하지 못하는 것처럼 우리도 막상 반대 의견에 부딪히면 자신의 의지를 시험해볼 수 없을 것이다. 아무리 이를 악물고 반대 의견을 감당해낼 수 있다고, 다른 사람의 동조를 반드시 필요로 하지 않겠다고 맹세한다 해도 막상 반대 의견을 접하면 어쩔 줄 몰라 할 수 있다.

우리 삶에서 이런 골치 아픈 오류지대를 내몰 수 있다면 그 다음은 간단하다. 우리는 태어날 때부터 인정을 필요로 하는 일에 익숙해져

왔기 때문에 그 오류지대를 없애려면 엄청나게 많은 연습이 필요하다. 그러나 어떤 노력이든 그만한 가치가 있는 법이다. 비난에 부딪혀도 실망하지 않게 되면 즐거운 현재의 자유를 평생 얻게 될 것이다.

세 번째 마음가짐
과거에 얽매이지 않는다

과거의 삶에서 얻은 자신에 대한 평가들을 늘어놓으면서
과거 속에서만 어슬렁대는 사람은 유령이나 다름없다.
'오늘의 나'이지 '어제의 나'가 아니다.

나는 누구인가? 나는 자신을 어떤 사람이라고 표현하는가? 이 두 질문에 답하기 위해서는 내가 여태껏 살아온 삶을 뒤돌아봐야 할 것이다. 인간은 분명 과거에 매어 있으며 거기서 빠져나오기란 그리 쉬운일이 아니다.

자기 자신을 설명할 때 어떤 말을 써서 표현하고 있는지 한번 돌아보자. 혹시 남들의 시시껄렁한 평판들을 차곡차곡 모아놓았다가 그대로 표현하지는 않는가? 서랍 하나 가득 이런저런 말들을 쌓아두었다가 정기적으로 꺼내서 사용하고 있지는 않은가?

"나는 신경질적이다""나는 내성적이다""나는 게으르다""나는 음치다""나는 눈치가 없다""나는 건망증이 있다" 등 나는 어떻다 식의 온갖 꼬리표들을 사용하고 있지는 않은가? 어쩌면 "나는 사람들이 잘 따르는 편이다""나는 카드 게임을 잘한다""나는 착하다" 등 상당수 긍정적인 꼬리표도 갖고 있을지 모른다. 그러나 여기에서는 긍정적인 꼬리표에 대해서는 다루지 않겠다. 이 장의 목표는 이미 잘 운용되고 있는 삶의 영역을 다루기보다는 우리의 성장을 돕는 데 있으므로.

자신을 표현하는 말 그 자체가 나쁜 것은 아니다. 다만 그런 용어들이 해로운 방식으로 사용되는 경우가 많아서 문제다. 꼬리표를 붙이는 그 행위 자체가 어떤 식으로든 나의 성장을 방해한다. 현상유지의 수단으로 사용되기 때문이다.

덴마크의 철학자 키르케고르Søren Aabye Kierkegaard는 "그렇게 단정적인 말로 나를 표현하는 것은 내 존재를 부정하는 것"이라고 말한 바 있다. 그런 단정적인 꼬리표에 어울리게 행동하면 자신의 고유의 모습은 더 이상 존재하지 않게 되기 때문이다. 스스로 붙인 꼬리표의 경우도 마찬가지다. 자신에게서 성장 가능성을 보지 못하고 꼬리표대로만 행동하려 드는 것은 자신의 존재를 부정하는 일이다.

자기 자신에게 붙여지는 꼬리표는 모두 자신의 이력이다. 그러나 미국의 시인 칼 샌드버그Carl Sandburg가 『대초원Prairie』에서 언급했던 것처럼 과거라는 것은 '한 움큼의 재'다.

자신이 어느 정도 과거에 매어 있는가를 스스로 점검해보라. 자신을 망치게 하는 '나는 어떻다' 꼬리표들은 모두 아래의 네 가지 노이로제적인 말을 사용한 결과다.

"그게 바로 나야."

"난 항상 그래왔어."

"어쩔 수 없어."

"난 원래 그래."

위의 말들은 '무늬'만 다를 뿐 모두 같다. 모두 성장과 변화를 방해하며 삶을 색다르고 재미있게, 그리고 현재의 순간순간을 한껏 충실하게 살 수 없도록 가로막고 있다.

내가 알고 있는 어떤 할머니는 매주 일요일 가족들이 함께 저녁을 먹기 위해 모이면 한 사람이 먹어야 할 분량을 정확히 정했다. 그녀 나름의 기준에 따라 신중하게 음식을 배분했다. 한 사람 앞에 고기 두 조각, 콩 한 수저, 감자 한 덩어리 등으로 나눠주었다. "왜 그렇게 하시죠?"라는 질문에 할머니는 "응, 늘 그랬거든"이라고 대답했다.

"왜냐고? 그게 바로 내 방식이니까."

할머니가 그렇게 행동하는 이유로 내세운 것은 할머니 스스로 붙인 꼬리표들이었다. 항상 그런 식으로 행동해왔다는 과거의 경험에서 비롯된 꼬리표 말이다.

자신의 어떤 행위에 대해 위의 네 문장 모두를 한꺼번에 사용하는 사람들도 있다. "왜 툭하면 화부터 내?"라고 물어보면 이렇게 대답하는 것이다.

"아, 그게 바로 나야. 난 항상 그래왔거든. 정말 어쩔 수가 없어. 난 원래 그렇게 생겨먹은걸, 뭐."

휴! 한꺼번에 네 문장을 모두. 말 하나하나에 자신이 절대 변할 수 없는 이유, 결코 변할 마음조차 먹지 않는 이유에 대한 변명이 들어 있다.

자신의 존재를 부정하는 그런 꼬리표는 우리가 과거에 몸에 익힌 어떤 습관에서 비롯된 것일 수도 있다. 그 네 문장 가운데 하나를 사용할 때마다 실은 이렇게 말하고 있는 셈이다.

"앞으로도 계속 내가 지금껏 해왔던 방식대로 살아갈 작정이야."

그러나 과거를 붙들어 매고 있는 끈을 풀고 과거의 삶의 방식을 유지하기 위한 그 쓸데없는 표현들을 내던질 수도 있다. 어쩌면 우리는 이미 몇 번 정도는 그런 시도를 해본 사람일 수도 있다. 또 어쩌면 우리 나름대로 붙인 꼬리표들을 지금도 계속 불러내고 있는 사람일 수도 있다. 중요한 것은 우리가 어떤 꼬리표를 선택하고 있느냐가 아니라 스스로에게 어떤 식으로든 꼬리표를 붙일 작정을 했다는 사실이다.

자신이 정말로 마음에 드는 꼬리표라면 그것으로 됐다. 그러나 자신이 붙인 이런저런 꼬리표가 자신에게 아무런 도움이 되지 않는 경우가 간혹 있다고 시인하는 사람이라면 지금이 바로 변화를 가져볼 때다. 먼저 자신이 붙인 꼬리표가 어디에서 생겨나는 것인지 살펴보자.

사람들은 우리에게 꼬리표를 붙이고 싶어 한다. 우리를 좀스러운 범주에 집어넣기 위해서. 우리도 그 꼬리표를 쓴다. 그러는 편이 훨씬 속 편하기에.

자신을 한계 짓는 부정적 꼬리표들

우리의 꼬리표 이력은 두 가지 범주로 나뉜다. 첫째 유형은 다른 사람들이 붙여준 꼬리표로, 어렸을 적 붙여진 채 지금까지 지니게 된 경우다. 둘째 유형은 귀찮거나 어려운 일을 해야 하는 의무에서 도망가기 위해 자기 스스로 붙인 꼬리표다. 단연 첫째 유형의 꼬리표가 압도적으로 많다.

리틀 호프는 초등학교 2학년이었다. 호프는 매일 미술 학원에 다니면서 그림에 재미를 붙였다. 그런데 어느 날 선생님으로부터 실은 그다지 실력이 좋은 편이 아니라는 말을 들었다. 호프는 인정받지 못한다는 사실이 싫었기 때문에 미술을 멀리하기 시작했다. 그리고 이내호프의 '나는 어떻다'가 시작되었다.

"나는 그림을 잘 못 그려."

그렇게 피하다 보니 그 생각은 더 강해졌고, 어른이 되어서도 왜 그림을 그리지 않느냐는 질문에 "응, 난 잘 못해. 항상 그랬어"라고 대답했다.

대다수의 '나는 어떻다'라는 표현은, 이를테면 "저 애는 좀 어벙해 보이지? 형은 체육을 잘하는데 말이야" "너도 나랑 똑같네. 나도 맞춤법은 정말 서툴거든" "빌리는 언제나 소극적이야" "저 애는 자기 아빠랑 똑같아. 음치야" 등의 말을 다른 사람들에게서 들었다가 몸에 박힌 것이다. 즉 과거의 유물들인 셈이다. 자신을 단정 짓는 꼬리표들은 이런 식으로 생겨나 철옹성처럼 끄떡없이 평생 따라다닌다. 그저 버롯처럼 되뇌면서.

나의 꼬리표들이 생겨난 데 가장 큰 원인을 제공했다고 생각되는 사람들, 이를테면 부모나 오랜 가족 간의 친구, 옛 선생님, 조부모 등과 함께 얘기를 나눠보라. 그들에게 내가 어떤 방식으로 살아가야 한다고 생각하는지, 내가 언제나 그런 식이었는지 한번 물어보라. 그리고 이제부터 나는 변할 작정이라고 밝히고, 내가 변할 수 있다고 그들이 여기는지 살펴보라. 아마 놀랍게도 그들은 나름대로 이유까지 설명해가면서 "너는 항상 그런 식이었기 때문에 절대로 변할 리가 없어"라고 말할 것이다.

둘째 유형의 꼬리표는 하기 싫은 일을 피하기 위해 스스로 붙인 편리한 꼬리표들이다.

나는 호레이스라는 당시 46세의 환자를 치료한 적이 있다. 그는 무척 대학에 가고 싶어 했다. 2차 대전이 발발하는 바람에 기회를 놓쳤던 것이다. 그러나 고등학교를 갓 졸업한 젊은이들과 경쟁할 생각을 하면 겁이 났다. 실패에 대한 두려움과 공부에 대한 자신감 부족 때문에 호레이스는 자꾸 망설였다. 그는 정기적으로 대학 편람을 훑어보았고, 정신과 상담의 도움을 받아 대학 입학에 필요한 시험을 치르고, 지방 대학의 입학 담당 책임자와 면접도 했다.

그러나 호레이스는 아직까지도 꼬리표를 구실 삼아 실제 행동에 옮기지 않고 있다. 그는 "나는 나이가 너무 많아요. 나는 별로 똑똑하지도 않고요. 그리고 실은 그다지 관심도 없어요"라고 말하며 자신의 소극적인 태도를 정당화한다. 호레이스는 그런 꼬리표들을 이유로 대면서 진정 하고 싶은 것을 피하고 있는 것이다.

내 동료 중에는 흥미 없는 일은 손도 안 댈 요량으로 꼬리표를 사용하는 친구가 있다. 그는 아내에게 "있잖아, 여보, 나는 기계치야"라고 주지시키면서 현관 초인종이나 라디오 수리 등 손대기 싫은 잡역부일은 손끝 하나 대지 않는다.

이런 종류의 꼬리표를 붙이는 것은 꾀바른 행동이긴 하지만 역시 자신을 속이는 변명이다. "나는 그런 일이 재미없고 따분해. 그러니까 지금은 하고 싶지 않아"라고 솔직히 말하지 않고 그저 꼬리표들을 끌어내는 것이 훨씬 편리한 것이다.

지금까지 든 예는 모두 자신을 표현하는 방법들이다. 요컨대 "이 분야에서 나는 이미 만들어진 완제품이나 다름없어. 앞으로도 달라지고 싶은 생각은 추호도 없어"라고 말하고 있는 것이다.

만약 우리가 온몸이 꽁꽁 묶인 채 완제품으로 포장된 상태라면 우리는 성장을 멈춰야 한다. 매달리고 싶은 마음이 굴뚝같은 꼬리표들도 없진 않겠지만 자신에게 한계를 지우고 자신을 망칠 뿐인 꼬리표들이 훨씬 많다.

다음에 제시할 꼬리표들은 과거의 유물이라고 할 수 있는 전형적인 10가지 꼬리표 유형들이다. 이 꼬리표 가운데 하나라도 자신에게 적용되고 있다면 변화하려고 노력해야 한다. 어떤 행동에 대한 것이든 지금 그대로의 모습으로 계속 남아 있고자 한다면 그것은 첫 장에서 살펴본 죽음과도 같은 삶을 선택하는 것이나 마찬가지다. 이 책은 그저 사람들이 좋아하지 않는 일에 대해 설명하는 것이 아니라 상당한 즐거움과 흥미를 느낄 수 있는 활동을 가로막는 행위를 살피고 있다는 점을 마음에 새기기 바란다.

- "나는 수학, 작문, 독해, 언어 등에 약해." 장담컨대 당신은 앞으로 변화에 필요한 노력을 기울이지 않겠다는 말을 하고 있는 것이나 다를 바 없다.

  공부와 관련된 이런 꼬리표를 사용하는 것은 당신이 과거에 어렵거나 따분하다고 생각했던 학과 공부를 숙달하는 힘든 일은 아예 하지 않겠다는 의미다. "나는 잘 못해"라는 꼬리표를 붙이고 있는 이상 노력을 회피할 수 있는 탄탄한 이유를 갖게 되는 것이다.

- "나는 요리, 스포츠, 뜨개질, 그림, 연기 등 몇몇 기술 분야에 무척 서툴러." 확신컨대 당신은 앞으로도 이런 일들 가운데 어느 것 하나 해야 할 필요가 없을 것이다. 또한 과거에 잘 못한 데 대한 변명도 될 수 있다. "나는 지금껏 항상 그래왔고 원래 그렇게 생겨먹었어"라는 식의 태도를 취하면 점점 더 무기력해진다.

  더 중요한 것은 잘 못하는 일은 애초에 손도 대서는 안 된다는 어리석은 생각에 매달리게 된다는 것이다. 세계 챔피언이 아닌 이상 어설프게 하느니 차라리 안 하는 게 상책이라고 합리화하는 것이다.

- "나는 내성적이고 성미가 까다롭고 신경질적이고 겁이 많아." 이런 꼬리표에는 유전적 원인이 있다. 꼬리표를 붙이는 일이나 그 바탕이 되는 자기 파괴적인 사고방식에 물음표를 붙이기보다 지금까지의 생활방식을 정당화하는 기회로 삼을 뿐이다. 또한 부모를 탓하

고 부모가 지금의 꼬리표를 만들어낸 장본인이라고 여길 수 있다. 원인이 부모에게 있기 때문에 자신은 달라지기 위한 노력을 기울일 필요가 없는 것이다.

게다가 성가신 상황에서 적극적이 되고 싶지 않을 때 이런 꼬리표들을 방편으로 택한다. 어린 시절부터 붙여진 이런 꼬리표들은 무엇보다도 스스로를 위해 생각할 수 없다고 믿게 한다.

이들은 성격에 관한 꼬리표들이다. 이런 식으로 자신을 정의 내리면 지금껏 유지해온 모습을 변화시키는 귀찮은 일을 피할 수 있다. 당신은 그저 꼬리표를 붙여 자신의 성격을 편리하게 정의 내린 다음 온갖 자기 부정 행위에 대해 자신도 어쩔 수 없었노라고 변명할 수 있는 것이다. 성격은 자신이 만들기 나름인데도 스스로 마땅찮게 여기는 성격 특질들을 전부 유전 탓으로 돌린다.

- "나는 운동 신경이 없고 몸이 둔해." 어렸을 적부터 붙이고 다닌 이런 꼬리표는 다른 사람들처럼 신체적으로 민첩하지 않다는 이유로 비웃음을 살 가능성을 피하게 해준다.

  물론 몸이 유연하지 못한 이유는 자신이 원래 그렇게 생겨먹었다고 계속 믿어왔기 때문이다. 따라서 신체 활동을 기피한 데에서 비롯된 것이지 본질적인 결함이 있어서가 아니다. 연습을 해야 잘할 수 있는 것이지 피하기만 하는데 어떻게 잘할 수 있겠는가. 이런 꼬리표들을 붙들어 안고 방관자처럼 쳐다보고 바라기만 하면서 사실은 그런 일을 좋아하지 않는 척한다.

- "나는 매력이 없고 못생겼고 덩치가 크고 평범해, 너무 키가 작아."

이런 신체적 꼬리표를 사용하면 이성과의 관계에서 차일지도 모르는 위험을 감당하지 않아도 된다. 스스로 선택한 잘못된 자아상과 연애 경험 부족을 정당화할 수도 있다.

이런 식으로 자신에게 꼬리표를 붙이고 있는 이상 이성 관계에서 자신을 시험대에 올리지 않아도 된다. 또한 매력적으로 보이도록 노력할 필요도 없다. 거울을 보면서 연애의 위험을 감수하지 않는 이유가 이 거울 안에 있다고 생각한다. 여기에는 문제가 하나 있다. 우리는 거울에서조차 보고 싶은 것만 본다는 것이다.

- "나는 정리를 안 하는 편이야, 지나치게 깔끔을 떨어, 칠칠치 못해." 행동과 관련된 꼬리표들로 다른 사람들을 조종하고, 어떤 일이 정해진 방식대로 행해져야 하는 이유를 정당화하는 데 편리하다. '나는 항상 그래왔다'는 것. '자기 원칙'이므로 계속되어야 한다는 식이다. 그리고 '나는 앞으로도 언제까지나 그렇게 하겠다'는 무언의 메시지가 들어 있다.

  항상 해오던 방식에 의존하면서 행여 다른 방식으로 행동해야 하는 위험한 생각을 즐길 필요가 없다. 동시에 주변 사람들 역시 자신의 방식대로 행동하게 할 수 있다. 생각 대신 자기 원칙을 불러들이는 꼬리표들이다.

- "나는 건망증이 있고 부주의하고 무책임하고 무관심해." 이런 종류의 꼬리표는 똑 부러지지 못한 자신의 무익한 행동에 대해 자신의 입장을 정당화하고 싶을 때 특히 써먹기 좋다. 이런 꼬리표를 사용하면 기억력이나 부주의함을 고치기 위해 노력하지 않아도 된다.

당신은 그저 아무렇지도 않게 "그게 바로 나야"라는 말로 변명하면 그만이다.

이런 유형의 꼬리표를 끌어낼 수 있는 이상 앞으로 변화를 위한 노력을 기울일 필요가 전혀 없다. 계속 깜빡깜빡하면서 자신에게 그것은 어쩔 수 없는 일이라고 상기시킬 뿐이다. 그리고 당신에게는 앞으로도 언제까지나 건망증이 따라다닐 것이다.

- "나는 이탈리아인이야, 유대인이야, 아일랜드인이야, 흑인이야, 중국인이야." 민족성과 관련된 꼬리표들이다. 이런 꼬리표들은 당신의 도움 안 되는 행동에 대해 들이댈 수 있는 다른 변명들이 모두 바닥났을 때 매우 효과가 있다. 자신이 속한 문화의 틀에 박힌 방식에 따라 행동할 때마다 그저 그것을 정당화하기 위해 민족적 꼬리표를 끌어낸다.

  언젠가 한 호텔 지배인에게 사소한 문제에 왜 그토록 흥분하느냐고 물어본 적이 있다. 그가 대답하기를 "저한테서 뭘 기대하시죠? 저는 이탈리아인이라고요. 어쩔 수 없어요."

- "나는 제멋대로야, 참견을 잘해, 권위주의적이야." 이런 꼬리표는 자기 자신을 고치기보다 쌀쌀맞은 행동을 계속할 수 있게 해준다. 그러면서 그런 행동을 "어쩔 수 없어. 나는 항상 그래왔거든"이라는 말로 무마한다.

- "나는 늙었어, 중년이야, 지쳤어." 이런 꼬리표를 사용하면 나이를 이유로 들먹이면서 모험적이거나 위험하다고 생각되는 행동을 취하지 않아도 된다.

이를테면 운동 경기, 이혼이나 사별 후 이성교제, 여행 등의 활동을 대할 때 "이젠 나이가 들어서"라고 말하기만 하면 성장을 가져올 만한 색다른 시도에 따르는 위험을 감수하지 않아도 된다. "이젠 나이를 먹어서"라는 말 안에는 나이에 관한 한 자신은 퇴물이라는 것과, 앞으로도 계속 나이가 들 것이기 때문에 성장과 새로운 것을 경험하는 일은 이제 더 이상 하지 않겠다는 뜻이 함축되어 있다.

노력도 변화도 회피하는
악순환 고리

당신이 '나는 어떻다' 꼬리표를 불러내면서 과거에 매달린 덕분에 얻을 수 있는 보상은 '회피'라는 한마디로 깔끔하게 요약할 수 있다. 어떤 종류의 활동을 피하고 싶거나 성격상의 결함을 덮어버리고 싶을 때면 으레 꼬리표로 자신을 정당화하는 것이다.

사실 그런 꼬리표를 많이 사용하다 보면 정말로 그렇다고 믿게 되고, 그 순간 앞으로도 계속 그 상태를 유지할 운명이 되는 셈이다. 그런 꼬리표들을 사용하면 쓰라린 노력도, 변화의 시도에 따르는 위험도 피할 수 있다. 그리고 처음 그런 꼬리표들을 만들어낸 행동을 계속 반복한다.

일례로 어떤 젊은 사람이 스스로를 내성적이라고 생각하면 모임에 나가서 정말 내성적인 사람인 것처럼 행동할 것이다. 그리고 더 나아가 그런 행동을 통해 자신의 자아상을 더욱 굳히게 될 것이다. 이것은 악순환이다.

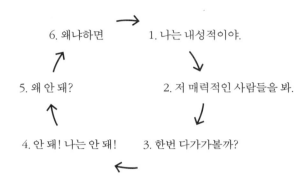

그렇다. 그는 3번과 4번 사이에서 행동으로 옮기지 못하고 그저 '나는 내성적이야'라는 꼬리표로 자신의 행동에 대한 면죄부를 얻는다. 그리고 그 덫에서 빠져나오는 데 부수적으로 필요한 위험부담도 교묘히 회피한다.

이 젊은이가 내성적인 데에는 여러 이유가 있겠지만, 그중에는 어렸을 적의 체험에서 비롯된 것도 있을 것이다. 그 두려움의 원인이 무엇이든 그는 자신 안에 내재된 사회에 대한 경계심을 없애기 위해 어떻게든 노력하지 않고 간편하게 꼬리표만 붙이며 빠져나갈 요량인 것이다. 실패에 대한 두려움이 너무도 강한 나머지 그는 시도조차 하지 않았다. 만약 그가 현재의 순간과, 마음먹은 대로 할 수 있다는 자신의 능력을 믿는다면 그의 꼬리표는 '나는 내성적이다'에서 '지금까지는 내성적이었다'로 바뀔 것이다.

이 숫기 없는 행동의 악순환은 자신을 움츠러들게 하는 꼬리표들 거의 모두에 적용될 수 있다. 이번에는 수학 숙제를 하면서 자신은 수학을 잘 못한다고 생각하는 한 학생의 악순환을 살펴보자.

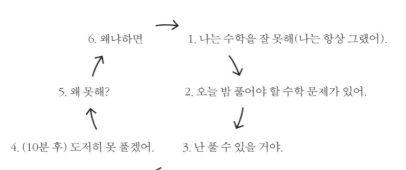

이 학생은 3번과 4번 사이에 멈춰 서서 시간을 더 들여다보거나 다른 사람에게 물어보거나 문제와 씨름하지 않고 그냥 포기했다. 그는 왜 수학을 못하느냐는 질문에 "난 언제나 수학은 자신 없어"라고 답할 것이다. 이런 피해망상적인 꼬리표는 자신에게 면죄부를 주고 왜 자신을 망치는 행동을 반복적으로 고집하는가를 다른 사람들에게 설명하기 위해 스스로 불러내는 것이다.

자기 자신의 신경과민적 논리를 그린 악순환의 도표를 직접 만들어보라. 그리고 자신을 완제품으로 자처하고 있는 삶의 일면들이 있다면 도전해보라.

과거에 집착해 자신을 단정 짓는 꼬리표에 안주하는 행동을 하는데에서 얻을 수 있는 가장 큰 보상은 변화를 회피하는 것이다. 스스로 마음에 안 드는 행동을 설명하기 위해 꼬리표를 사용할 때마다 완성된 포장으로 꼭꼭 싸여 있는 상자 안에 들어가 있는 자신을 떠올려라.

분명 자신을 변화시키기보다 꼬리표를 붙이는 편이 훨씬 손쉬운 일이다. 어쩌면 부모나 선생님, 이웃, 조부모 등 어렸을 적 자기에게 영향력 있었던 어른들 때문에 그런 꼬리표를 붙이게 됐다고 생각할지도 모른다.

그러나 현재 사용하고 있는 꼬리표에 대한 책임을 그들에게 묻게 되면 자신의 현재 생활에 대한 통제권도 그들에게 어느 정도 넘겨주게 된다. 그들을 자신보다 훨씬 높은 위치로 끌어올리고 자신은 무력한 상태에 머물러 있기 위한 알리바이를 교묘하게 만드는 것이다. 사실 별것도 아닌 시시껄렁한 보상이다. 어떤 위험도 감수하지 않게 해주는 보증서를 제공받는 정도라고나 할까. 만일 꼬리표를 사용하는 것이 '문화' 탓이라고 생각한다면 자신은 손쓸 도리가 없을 테니까.

과거를 잊고 나아가기 위한 전략

과거를 잊고 앞으로 나아가는 데에는 위험이 수반된다. 우리는 우리 자신에게 꼬리표를 붙이는 일에 익숙해져 있다. 이런 꼬리표들은 일상생활을 지탱하는 역할을 하는 경우가 많다. 이런 꼬리표들을 없애기 위한 몇몇 구체적인 전략을 소개하면 다음과 같다.

- 되도록 현재시제의 꼬리표를 사용하지 말 것. 대신 "지금까지는 그랬지" 또는 "예전에는 나 자신을 그렇게 생각했지…" 등 과거시제를 사용하라.

- 가까운 사람들에게 이제 그런 말투를 쓰지 않기 위해 노력할 것이라고 선언할 것. 어떤 꼬리표를 가장 우선적으로 없애야 하는가를 결정하고, 내가 혹여 그런 말을 끄집어낼 기색이라도 보이면 주의시켜달라고 부탁하라.

- 이제는 지금까지 해온 것과는 다른 식으로 행동하겠다는 목표를 정할 것. 예를 들어 스스로를 내성적이라고 생각한다면 만약 내성적이지 않았으면 피하지 않았을 사람에게 스스로를 소개하라.

- 마음을 터놓고 지내는 사람에게 자신이 과거에 얽매이지 않도록 도와달라고 말할 것. 꼬리표로 다시 빠져드는 것을 발견할 때마다 귀를 잡아당기는 등 무언의 신호를 보내달라고 부탁하라.

- 자신을 망치는 꼬리표를 붙인 행동에 대해 일기를 쓸 것. 그런 식으로 행동하는 동안 스스로에 대해 어떤 기분이 들었는지, 또 어떤 행동을 취했는지를 기록하라. 노트에 일주일 동안 자신을 망치게 하는 꼬리표를 사용해왔던 정확한 시간, 날짜, 상황을 기록하라. 그리고 그 일기의 길이를 줄이도록 노력하라.

- 꼬리표를 하루에 한 가지씩 없애도록 노력할 것. '나는 건망증이 있어'라는 꼬리표를 사용해왔다면, 예를 들어 월요일에 그 꼬리표를

집중적으로 공략하라. 그리고 건망증을 보이는 행동을 한두 가지라도 고쳐나가도록 하라. 끈덕지게 붙이고 다니는 마음에 들지 않는 꼬리표가 있거든 하루를 할애해 반대 의견을 참아내보라. 그리고 그 꼬리표를 없앨 수 있는지 하루 단위로 시도해보라.

- 꼬리표의 악순환 고리에서 3과 4 사이를 끊을 수 있도록 그동안 편리하게 사용해왔던 케케묵은 핑계들을 내던질 결심을 할 것.
- 지금껏 한번도 해본 적 없는 일을 찾아내 그것을 실행에 옮기기 위해 어느 날 오후를 비워둘 것. 내가 이제껏 기피해왔던 완전히 새로운 활동에 세 시간쯤 몰두해본 다음 그날 아침까지 사용했던 그 활동에 관한 꼬리표를 여전히 내가 쓰고 있는지 살펴보라.

우리의 꼬리표들은 모두 후천적으로 몸에 밴 회피 방식이기 때문에 마음만 먹으면 얼마든지 극복할 수 있다.

내가 붙이는 새로운 꼬리표

'타고난 본성'같은 것은 없다. 그 말 자체는 사람들을 멋대로 분류하고 구실을 만들어내기 위한 것이다. 나는 내 선택의 총화이며 내가 간직한 꼬리표들은 모두 '지금까지는 그랬지'라는 새 꼬리표로 바꿀 수 있다.

이 장 첫머리에서 던졌던 질문으로 되돌아가 보자.

"나는 누구인가? 나는 나 자신을 어떤 말로 표현하는가?"

다른 사람들이 나를 대신해 붙인 꼬리표나 내가 스스로 붙이고 다닌 꼬리표와 전혀 관련 없는 참신하고 멋스러운 꼬리표를 생각해보라. 하도 써서 닳고 닳은 넌더리나는 꼬리표들 때문에 인생을 알차게 살지 못해서야 되겠는가.

배움에 대해 아서 왕을 보좌한 뛰어난 능력의 마법사 멀린Merlin이 한 말을 기억하라.

멀린은 헐떡거리며 이렇게 말했다.

"슬픔의 가장 좋은 처방은 무언가를 배우는 것이다. 결코 어긋날 일이 없는 것은 오로지 배움뿐이다.

사람은 노쇠해져 쭈글쭈글해진 채 사지가 후들거리게 될지도 모른다. 밤에 홀로 깨어 흐트러진 맥박 소리를 들으며 뒤척일지도 모른다. 이 세상에서 하나밖에 없는 사랑하는 님을 그리워할지도 모른다. 자신이 살고 있는 세상이 사악한 미치광이들의 손에 피폐해져가는 것을 지켜보고 자신의 명예가 버러지 같은 얄팍한 사람들에게 짓밟히는 것을 보게 될지도 모른다. 이럴 때 할 수 있는 일은 오직 하나, 배움뿐이다.

세상이 어떻게 움직이고 있는지, 무엇이 세상을 움직이는지를 배워라. 오로지 배움만이 정신력을 지치지 않게 하고 소외시키거나 괴롭히지 않으며 두렵게 하거나 불신하거나 꿈에서도 후회하지 않게 한다. 배움은 당신을 위한 것이다. 자, 배워야 할 것이 얼마나 많은가.

배움에 이 세상 유일의 순수함이 있다.

일생에 걸쳐 천문학을, 삼생에 걸쳐 자연사를, 육생에 걸쳐 문학을 배울 수도 있다. 그렇게 백만 생을 바쳐 생물학, 의학, 이론 비평학, 지리, 역사, 경제학을 배운 뒤 적합한 목재로 마차의 바퀴를 제작할 수도 있고 50년을 더 쏟아 펜싱에서 상대방을 제압하는 법을 배울 수도 있다. 그런 뒤 다시 한번 수학 공부를 시작했다가 농사짓는 법을 배울 시기를 맞이해도 좋지 않겠는가."

나의 성장을 방해하는 꼬리표들은 몰아내야 할 악귀 같은 것이다. 그러나 어떤 식으로라도 그런 꼬리표를 달아야겠거든 이런 꼬리표는 어떤가.

"나는 꼬리표를 떼는 사람이다."

정말이지 마음에 쏙 드는 꼬리표 아닌가.

네 번째 마음가짐

자책도 걱정도 하지 않는다

자책감과 걱정을 끌어안고 있는 것만으로
과거나 미래 상황이 변할 것 같은 생각이 든다면
당신은 다른 현실 체계를 가진 세계에
살고 있는 사람이다.

일생에서 전혀 도움이 안 되는 감정이 두 가지가 있다. 이미 일어난
일에 대한 자책감과 아직 일어나지 않은 일에 대한 섣부른 걱정이 바
로 그것이다. 그렇다! 쓸모라고는 하나도 없는 걱정과 자책감은 서로
짝을 이루고 있다. 이 두 오류지대를 살피다 보면 이들이 서로 어떻게
연결되는지 알 수 있다. 사실 자책감과 걱정은 한 오류지대의 양 극단
이라고 볼 수 있다.

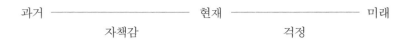

과거 ——————————— 현재 ——————————— 미래
　　　자책감　　　　　　　　　　　　걱정

　자책감은 '과거'에 행한 어떤 행위의 결과 옴짝달싹 못한 채 현재의
순간들을 잡아먹는 것을 의미한다. 반면 걱정은 '미래'에 일어날지도
모르는 어떤 일 때문에 현재 안절부절못하고 있는 상태다. 그리고 그
일은 자신도 어찌 해볼 도리가 없는 것인 경우가 대부분이다. 아직 일
어나지 않은 일을 두고 자책감을 느낄 수도 없을 터이며, 이미 일어난
일에 대해 걱정할 수도 없는 노릇이다. 걱정은 미래, 자책감은 과거에
대한 반응이지만, 둘 다 현재의 자신을 불안하게 하거나 꼼짝 못하게
한다는 동일한 목적을 수행한다. 미국의 작가 로버트 존스 버데트Robert
Jones Burdette 는 『골든 데이The Golden Day』에서 이렇게 적고 있다.

　사람이 이성을 잃고 날뛰게 되는 것은 오늘의 경험 때문이 아니다.
　어제 일어난 일에 대한 회한과 내일 들춰질지도 모르는 일에 대한 두
　려움 때문이다.

　자책감이나 걱정은 어쩌면 우리 문화에서 가장 흔한 고민거리인지
도 모른다. 자책감의 경우, 과거의 일에 매몰되어 이미 저지른 행동과
이미 입 밖으로 꺼낸 말 때문에 풀이 죽거나 화를 낸다. 과거 행위와
관련된 감정에 사로잡혀 현재의 순간들을 내팽개치는 것이다. 반면
걱정의 경우, 미래의 일에 집착하면서 소중한 현재를 잡아먹는다. 뒤

를 보고 있든 앞을 보고 있든 그 결과는 똑같다. 현재의 순간들을 내동댕이치는 것이다.

로버트 존스 버데트의 『골든 데이』는 바로 '오늘'을 말한다. 그리고 자책감과 걱정이라는 우둔함을 이렇게 요약한다.

일주일 가운데 내가 절대 걱정하지 않는 이틀이 있다. 그 걱정 없는 이틀에는 두려움과 불안이 결코 넘볼 자리가 없다. 하루는 어제, 그리고 또 다른 하루는 내일이다.

현재를 허비하고 감정을 소비하는 자책감

우리는 대부분 살아가면서 자책감이라는 음모에 빠진다. 사전에 계획된 음모는 아니지만 우리를 못 말리는 자책감 기계로 탈바꿈시킨다. 자책감 기계의 작동 방식은 이렇다. 내가 무언가를 말하거나 말하지 않았다는, 느끼거나 느끼지 않았다는, 하거나 하지 않았다는 이유로 '나는 나쁜 사람'이라고 상기시키는 메시지를 전달한다. 그런 메시지를 받으면 나는 순간적으로 기분이 착잡해진다. 요컨대 우리는 자책감 기계다.

우리들이 오랜 세월 동안 걱정과 자책감을 일으키는 메시지를 받아들이고 있는 이유는 무엇일까? 대체로 자책감을 느끼지 않으면 어쩐지 '나쁜' 것 같고 걱정하지 않으면 어쩐지 '매정'하게 여겨지기 때문이다. 모두 '배려'와 관계가 있다. 배려의 마음을 갖고 있다면 이미 저지른 끔찍한 일에 대해 자책감을 느끼면서, 혹은 장차 어떻게 될지 걱정하고 있다는 가시적인 증거를 내보이면서 관심을 갖고 있다는 것을 보여줘야 한다. 이는 따뜻한 사람이라는 꼬리표를 얻기 위한 노이로제 반응이다.

자책감은 자신을 망치는 모든 오류지대 행동 가운데 가장 쓸모없는 것이다. 자책감은 단연코 가장 많은 감정 에너지를 소모한다. 왜일까? 자책감이란 문자 그대로 '이미' 일어난 어떤 일 때문에 현재 옴짝달싹 못하는 감정이며, 아무리 자책해봤자 과거는 바꿀 수 없기 때문이다.

과거에 대한 단순한 뉘우침은 자책감이 아니다. 자책감은 과거의 일 때문에 현재 무기력한 상태가 되는 것이다. 그리고 그 무기력의 정도는 다소 안절부절못하는 것에서부터 심각한 우울증에 이르기까지 다양하다. 과거에서 배움을 얻고 어떤 특정 행위를 다시는 반복하지 않겠다고 다짐한다면 그것은 자책감이 아니다. 자책감을 느낀다는 것은 과거에 어떤 방식으로 행동한 결과 현재 일이 전혀 손에 잡히지 않는 상태만을 말한다. 실수에서 배우는 것은 건전한 일이며 성장에 반드시 필요한 것이다. 자책감은 바람직하지 않다. 과거에 일어난 일 때문에 상처받고 안절부절못하고 우울해하면서 현재의 에너지를 무익하게 허비하고 있기 때문이다.

과거에 머물러 있는 자책감의 원천

자책감이 한 인간의 감성 기질을 구성하게 되는 데는 두 가지 방식이 있다. 첫째, 아주 어린 나이에 습득되어 성장한 뒤에도 여전히 그 어린 시절의 반응이 남게 되는 경우다. 둘째, 성인이 스스로 반드시 지켜야 한다고 생각하는 어떤 규율을 어긴 뒤 자초하는 경우다.

첫 번째 경우인 잔여 자책감은 어린 시절의 기억이 성인이 되어서까지 죽 이어지는 감정 반응이다. 아이들은 유아기에 자책감을 유발시키는 말을 무수히 많이 듣고 자란다. 그런 말들은 아이들에게 효과 만점이지만, 어른이 되어서도 여전히 그런 말들 주위를 서성이게 만든다. 이런 잔여 자책감 가운데 일부는 다음과 같은 꾸지람과 관계가 있다.

"네가 한번만 더 그런 짓을 하면 아빠는 널 싫어하실 거야."

"창피한 줄 알아야지."

"그래, 좋아. 난 네 엄마일 뿐이라 그거지."

이런 말로 자책감을 자극하다 보면 성인이 되어서도 여전히 마음의 상처를 받을 수 있다. 이를테면 상관과 같이 부모와 동급의 영향력을 지닌 사람들을 실망시키게 되는 경우가 그러하다. 그들의 마음에 들기 위해 고집스런 노력을 기울이는 것은 물론 그런 노력이 어긋났을 경우 자책감을 느끼게 된다. 잔여 자책감은 성생활과 결혼생활에서도 드러난다.

과거 행위에 대한 무수히 많은 자책과 변명의 형태로 나타나는 그런 자책감 반응은 어릴 적 어른들의 꼭두각시가 되는 법을 배우며 자라난 탓이지만 성인이 되어서도 여전히 활개를 친다.

두 번째 경우인 자초하는 자책감은 훨씬 골치 아픈 영역이다. 이 자책감은 최근 자신이 저지른 일 때문에 옴짝달싹 못하는 경우다. 하지만 반드시 유년 시절과 관련 있는 것은 아니다. 이것은 법이나 도덕규범을 어겼을 때 스스로 짊어지는 자책감이다. 괴로워해봤자 이미 벌어진 상황을 변화시키는 데 전혀 도움이 되지 않는데도 그 사람은 오랫동안 기분이 엉망일 수 있다. 스스로 부과하는 전형적인 자책감으로는 누군가를 심하게 야단쳤거나, 그것 때문에 자기 자신을 미워하거나, 물건을 훔쳤거나, 교회에 가지 않거나, 말실수를 한 것 때문에 현재 심적으로 활력이 모두 빠져나간 상태가 되는 것 등이 있다.

어느 경우건 어리석고 더없이 쓸데없는 행동이다. 죽치고 앉아 자신이 얼마나 못됐나 한탄만 하고 죽을 때까지 자책감에 사로잡혀 있을 수도 있지만 그 자책감 가운데 단 한 자락도 과거 행동을 바로잡는 데에는 도움이 안 된다. 다 끝난 일이다! 자책감은 과거를 바꾸고자 하는 시도이며, 안 그랬더라면 얼마나 좋았을까 하는 부질없는 바람이다. 그러나 과거는 엄연한 과거로, 결코 손쓸 재간이 없다.

우리는 자책감을 느꼈던 것들에 대한 태도를 변화시킬 수 있다. 우리 문화에는 쾌락과 관련해 자책감을 유발시키는 청교도적인 사고방식이 많다. 우리가 스스로 부과하는 자책감 반응 가운데 상당수는 그런 사고방식에서 비롯된다. 자위를 해서는 안 된다, 음담패설을 즐겨서는 안 된다, 어떤 특정 성행위 방식을 즐겨서는 안 된다고 배웠을지 모른다. 절제를 요구하는 메시지는 우리 문화 곳곳에 박혀 있지만 자위행위와 관련된 자책감은 순전히 스스로 일으키는 것이다.

우리는 자책감을 느끼지 않고 즐거움을 음미하는 법을 배울 수 있다. 자신을 스스로의 가치 체계에 들어맞는 일이라면 어떤 것이든 할 수 있는 사람, 다른 사람에게 해를 끼치지 않는 사람으로 여기는 법을 배울 수 있다. 그것도 자책감을 느끼지 않고 말이다. 만약 어떤 일을 한 뒤 그 일이나 자신을 좋아하지 않게 되었다면 '앞으로는 절대 그러지 말아야지' 하고 다짐할 수 있는 일이다. 하지만 누가 시킨 것도 아닌데 자책감이 담긴 말만 되뇌는 것은 굳이 떠날 필요가 없는 노이로제 여행이다. 자책감은 도움이 안 된다. 우리를 꼼짝달싹 못하게 할 뿐만 아니라 원치 않는 행동을 앞으로도 계속 반복하게 할 가능성이 높다. 자책감은 그 자체가 보상이며 그런 행위를 되풀이해도 좋다는 허락이다. 자책감으로 자신의 죄를 스스로 사면하는 보상을 받을 수 있는 한 현재가 고달파질 뿐인 악순환의 쳇바퀴에서 벗어나지 못할 것이다.

희생과 사랑으로 포장된 자책감

'나는 너를 위해 희생했다'는 마음을 갖게 하는 것은 자책감 유발제로 매우 효과적인 방법이다. 부모들은 자식에게 뭔가를 해주기 위해 자신의 행복을 포기한 어려운 시절을 죄다 들먹인다. 자식들은 그런 빚을 떠올리며 자신이 얼마나 이기적인가를 자문하지 않을 수 없다.

자녀를 출산했을 때의 고통을 들먹이는 것도 자책감을 자아내게 하는 태도의 일례다. "내가 열여덟 시간 동안이나 배 아파 너를 낳았다" 또는 "나는 너 하나 바라보고 산다. 네 아버지랑 이혼 못 하고 사는 것도 다 너 때문이야"라는 말도 효과 만점이다. 어머니의 불운한 결혼생활에 대해 자식이 자책감을 느끼게 하는 말이다. 몸이 아프다는 말을 들먹이는 것도 자책감을 만들어내는 데 효과가 좋다. 이는 평생 지속될 수 있으며 특히 마음 약한 사람이라면 부모의 죽음까지 자기 탓으로 생각하게 된다.

사회적으로 타당한 행동도 자책감을 통해 형성할 수 있다. 그러나 아이는 자책감이라는 군더더기가 없더라도 사회적으로 적합한 행동을 배울 수 있다. 그 행동이 바람직하지 못한 이유를 설명한 뒤 간단한 주의만 줘도 효과가 있다. 예를 들어 도니에게 "어른들 대화하는데 그렇게 계속 끼어들면 정신 사나워서 대화를 제대로 나눌 수 없단다"라고 말하면 "넌 왜 맨날 끼어들어? 창피한 줄 알아야지. 네가 옆에 있으면 도대체 얘기를 나눌 수가 없어"라는 말로 자책감을 자극하지 않더라도 마음속에 반성의 씨앗이 일찌감치 뿌려진다.

어른이 되어도 자책감을 이용한 부모의 조종과 결별할 수 있는 게 아니다. 내 친구 중에 유대계 소아과 의사가 하나 있는데, 당시 52세였던 그는 비유대계 여성과 결혼한 뒤 자신의 어머니에게는 그 사실을 비밀로 했다. 그러잖아도 노쇠한 어머니가 그 소식을 듣게 되면, 아니 그런 결정을 내린 사람이 바로 자신이라는 사실을 알게 되면 큰 충격을 받아 쓰러지지나 않을까 걱정됐기 때문이었다. 그는 가구가 모두 갖춰진 다른 아파트를 하나 더 장만했다. 오로지 매주 일요일 85세 노모를 모시기 위해서였다. 어머니는 그가 결혼했다는 것도, 일주일에 엿새는 다른 집에서 살고 있다는 것도 몰랐다. 그는 비유대계 여성과 결혼했다는 자책감과 두려움으로 그런 연극을 한 것이다. 그는 장성한 어른이며 자신이 몸담고 있는 의료계에서 알아주는 의사였지만, 여전히 어머니의 통제를 받고 있었다. 매일 그는 자신의 병원에서 모친에게 전화하고 멋들어지게 총각 행세를 해내고 있다.

부모나 가족과 관련된 자책감은 손아귀에서 벗어나려고 하는 사람을 옭아매기 위해 가장 흔히 쓰이는 전략이다. 위에 든 상황은 부모가 자녀에게 이 세상의 빛을 보게 해줬다는 대가로 자책감을 떠안게 하는 숱하게 많은 말과 전술의 작은 예에 불과하다.

그러나 부모의 자책감 게임은 역전될 수 있다. 자책감은 쌍방향이어서 부모가 그랬듯이 거꾸로 자녀가 자책감을 이용해 부모를 조종하는 경우도 종종 있다.

부모가 자녀의 불행에 대해 어떻게 해줄 수가 없을 때, 좋은 부모가 되지 못하는 것 때문에 자책감을 느낀다는 것을 자녀가 알아차릴 경우 그 자책감을 이용해 부모를 조종하려 든다.

슈퍼마켓에서 떼를 쓰면 먹고 싶은 사탕을 손에 넣을 수도 있다.

"샐리의 아버지는 허락해줬는데."

샐리의 아버지는 좋은 아빠고 당신은 그렇지 않다는 것이다.

"저를 사랑하지 않는 거죠? 사랑한다면 저한테 이러실 수는 없어요."

그리고 급기야 덧붙이는 한 마디.

"저는 주워다 기른 자식이 틀림없어요. 진짜 부모라면 저한테 이럴 수가 없어요."

이런 말들은 모두 동일한 메시지를 담고 있다. 부모가 되어 자식인 나를 이런 식으로 대하는 데 자책감을 느껴야 한다는 것이다.

물론 자녀가 이런 자책감 유발 행위를 배운 것은 자책감을 이용해 원하는 바를 얻는 어른들의 모습을 지켜봤기 때문이다. 자책감은 타고난 행동이 아니다. 희생자가 약탈자에게 자신이 약하다는 것을 내보이는 경우에만 사용될 수 있는 후천적 감정 반응이다. 아이들은 언제 부모의 허를 찔러야 할지, 부모의 약한 구석이 어디인지 알고 있다.

만약 자녀가 원하는 것을 얻을 심산으로 부모가 한 일, 하지 않은 일을 끊임없이 부모에게 상기시킨다면 지금껏 자책감 수법을 제대로 터득한 셈이다. 자녀가 그런 수법을 사용한다면 그것은 어디선가 배워온 것이다. 누구한테 배웠겠는가. 물론 부모일 가능성이 가장 높다.

"나를 사랑한다면"이라는 말로 자책감을 불러일으키는 것 역시 사랑하는 사람을 조종하기 위한 하나의 방편이다. 이 전술은 상대방의 어떤 특정 행위를 책망하고 싶을 때 특히나 유용하다. 마치 사랑에도 온당한 행위가 정해져 있기라도 한 듯! 상대방이 기대에 어긋나는 행동을 할 경우 그 사람을 제자리로 되돌리는 데 자책감이 이용될 수 있다. 사랑에 소홀한 벌로 자책감을 느끼게 만드는 것이다.

앙심, 오랜 침묵, 비통한 표정도 자책감을 싹트게 하는 유용한 방법이다. "당신과 말하고 싶지 않아. 뭘 잘했다고!" 또는 "나한테 가까이 오지 마. 그런 짓을 해놓고도 어떻게 내게 사랑을 기대하지?" 등은 배우자 또는 애인이 바람을 피운 경우 가장 많이 사용되는 전술이다.

상대방이 자책감을 느끼도록 여러 해 묵은 사건을 들먹이는 경우도 종종 있다. 20년 전에 당신이 한 행동을 잊지 마" 또는 "예전에도 나를 맘 고생시킨 전력이 있는데 내가 어떻게 당신을 또 믿을 수 있겠어?" 하는 식으로 과거 일을 들추면 상대방은 꼼짝 못하게 마련이다. 잊어버릴 만하면 과거의 일을 끄집어내 과거 행동에 대한 자책감을 생생하게 살려놓는다.

자책감은 사랑하는 사람으로 하여금 자신이 내세우는 요구와 행동 기준에 순응하게끔 만드는 데 아주 효과적이다. "당신이 잘못했으니까 당연히 당신이 전화했어야지" 또는 "내가 쓰레기를 내다 버린 게 이번이 세 번째야. 당신은 할 생각도 없는 것 같은데"처럼 말이다.

이렇게 말하는 목적은? 상대방을 마음대로 주무르기 위해서. 그 방법은? 자책감!

자책감을 키우는 사회

교사들은 가장 강력한 자책감 유발 주체다. 그리고 아이들은 가장 유약하며 조종하기에 더할 나위 없이 좋은 대상이다. 사람들의 자책감을 유발하고 행동을 조종하기 위해 종교가 이용되는 경우도 많다. 교회에서 우리가 실망시키는 대상은 하나님이다. 교회가 전하는 자책감 메시지는 나쁜 짓을 저지르면 천국에 갈 수 없다는 것이다.

미국 사회에서 팁을 주는 것은 품격 높은 서비스에 대한 대가라기보다 서비스를 받은 사람이 스스로 양심에 찔려 주머니를 열게 만드는 자책감이 반영된 관행이다.

아무 데나 쓰레기를 버리거나 담배를 피우는 등의 바람직하지 못한 행동에 대해서도 자책감을 느끼는 경우가 있을 것이다. 어쩌면 당신도 담배꽁초나 종이컵 하나 정도는 버린 적이 있을 것이다. 그럴 때 낯선 사람이 험악하게 노려보기라도 했다면 당신은 함부로 행동한 데 대해 어쩔 줄 몰라 하며 고개를 떨구었을지도 모른다. 하지만 이미 저질러버린 어떤 일에 대해 자책감을 느끼기보다 그런 행동을 앞으로 다시는 하지 않겠다고 다짐하는 편이 낫지 않을까?

다이어트 역시 자책감 때문에 마음이 천근만근이 될 수 있는 영역이다. 다이어트를 하는 사람은 무심코 과자 하나를 먹고도 한순간 마음이 약해졌다는 사실 때문에 온종일 기분이 언짢다. 그러나 살을 빼려고 애쓰다가 그런 역효과가 나는 행동에 굴복하고 말았다면 그 실수에서 배움을 얻어 지금 이 순간을 훨씬 알차게 사용하도록 노력할 수도 있는 것이다. 자책감에 사로잡혀 자기 책망만 하고 있는 것은 시간 낭비다. 왜냐하면 아주 오랫동안 그런 자책감에 시달리게 되면 이러지도 못하고 저러지도 못하는 상황에 빠져 쓸데없이 히스테릭해지고 과식을 반복할 가능성이 높기 때문이다.

우리 사회에서 자책감이 가장 왕성하게 활개 치는 영역은 어쩌면 성일 것이다. 부모들은 자녀들에게 성에 관한 행위나 생각과 관련된 자책감을 유발시키는데, 이는 어른들도 마찬가지다. 다른 사람들에게 들킬까 봐 몰래 포르노 영화를 슬금슬금 본다.

성적 공상 역시 효과적인 자책감 유발 요인이다. 상당수 사람들이 성적 공상을 바람직하지 않은 것으로 여기며 사적인 자리에서나 치료를 받을 때에나 그런 생각을 한 적이 있다는 것 자체를 부인한다. 사실 인간의 몸에서 자책감을 가장 많이 유발하는 곳을 찾으라면 그곳은 사타구니일 것이다.

지금까지 살펴본 것은 자책감을 부추기기 위해 의기투합하고 있는 문화적 영향들 가운데 일부에 불과하다. 이제 자책감을 느끼는 것에서 얻을 수 있는 심리적 보상에 대해 살펴보자. 그 보상이 어떤 것이든 그것은 제 무덤을 파게 하는 보상일 것임에 틀림없다는 점을 명심하고 앞으로 자유가 아닌 자책감을 선택하게 될 때 그 사실을 기억하라.

자책감으로 얻을 수 있는 정신적 보상과 변화 전략

이미 벌어진 일이나 실패한 일에 대해 자책감에 빠져 현재를 낭비하는 가장 기본적인 이유는 이러하다.

- 이미 일어난 일에 대해 자책감을 느끼면서 현재의 순간들을 소모하면 현재 어떤 식으로든 알차게 살아가고 자신을 발전시키기 위해 애쓸 필요가 없다. 요컨대 대다수 자신을 망치는 나쁜 습관들과 마찬가지로 자책감은 현재의 자신을 위해 노력하는 것을 회피하는 기

술이다. 자신이 한 일 또는 하지 않은 일 때문에 현재 안게 된 결과는 모두 과거 때문이라고 생각하는 것이다.

- 자책감은 안전한 어린 시절로 되돌아가는 수단이 될 수 있다. 어린 시절은 다른 사람들이 자신을 대신해 결정을 내리고 자신을 돌봐주는 따뜻한 품이 있는 시기다. 현재의 손아귀에 잡히기보다 과거에서 불러낸 다른 사람의 가치에 의존한다. 강조하건대 이 보상을 얻게 되면 자신의 삶을 책임질 필요가 없어진다.

- 자책감은 자신의 행위에 대한 책임을 다른 사람에게 전가하기 위해 사용되는 요긴한 방법이다. 자신이 휘둘리고 있는 상황에 화풀이를 하기도 좋을뿐더러 자책감의 초점을 자신이 아닌 내 인생에 막강한 영향력을 행사하는 사람에게 돌리기도 쉽다.

- 다른 사람들의 눈살을 찌푸리게 하는 행동을 저질렀을 때에도 그런 행동에 대해 자책감을 느끼기만 하면 다른 사람들이 등을 토닥거려주는 경우가 종종 있다. 정도에서 벗어난 행동을 했을지 모르지만 자책감을 느낌으로써 자신이 온당하게 행동하는 방법을 알고 있다는 것과, 체제에 순응하기 위해 애쓰고 있다는 것을 보여주는 것이다.

자책감에 의존한 덕분에 얻을 수 있는 보상 가운데 가장 꼴사나운 예들을 살펴보았다. 자책감은 자신을 무기력하게 만드는 다른 감정들과 마찬가지로 내가 직접 지휘권을 발동할 수 있는 '선택' 사항이다.

만약 자책감이 너무도 싫은 나머지 모두 떨쳐내고 완전한 '자책감

무풍지대'에 들어가길 원한다면 다음의 기본 전략들을 참고하기 바란다.

- 내가 과거에 대해 어떤 생각을 갖고 있든 과거는 하늘이 두 쪽 나도 달라지지 않는다는 사실을 명심할 것. 이미 끝난 일이다! 아무리 자책감을 느껴봤자 과거는 바뀌지 않는다. 이 말을 마음속에 단단히 새겨두어라. "내가 죄책감을 느껴도 과거는 바꿀 수 없다. 그렇다고 더 '좋은' 사람이 되는 것도 아니다"라는 생각은 죄책감과, 과거에서 배움을 얻는 것을 차별화하는 데 보탬이 될 것이다.
- 과거에 대한 자책감에 사로잡혀 현재 회피하고 있는 일이 무엇인지 자문해볼 것. 그렇게 구체적으로 파고들다 보면 자책감을 느낄 필요가 없어질 것이다.
- 자신이 선택했지만 다른 사람들은 마땅찮게 여길 수도 있는 자신의 일들을 받아들이기 시작할 것. 그리하여 부모, 상관, 이웃, 심지어 배우자가 나의 행동에 반감을 표시한다 해도 그것을 자연스럽게 생각하라. 다른 사람의 인정을 구하는 행위에 대해 앞서 살펴본 것을 상기해보라. 우선 내가 나 자신을 인정해야 한다. 다른 사람의 인정도 즐거운 일이지만 나의 중심을 차지하지는 못한다. 일단 나 자신이 더 이상 다른 사람의 눈치를 살필 필요가 없다면 인정을 끌어내지 못했던 행위에 대한 자책감은 사라질 것이다.
- '자책감 일기'를 쓸 것. 자책감을 느꼈던 모든 상황에 대해 그런 일이 있었던 것이 정확히 언제, 왜, 그리고 누구와 함께였는지를 적어보

라. 또 과거에 대한 고민 때문에 현재 회피하고 있는 일이 무엇인지도 빼먹지 말라. 그 기록은 당신이 어떤 자책감 오류지대를 가지고 있는지를 이해하는 데 도움이 될 것이다.

- 자신의 가치관을 다시 점검해볼 것. 자신이 믿고 있는 가치는 어떤 것이며, 짐짓 받아들이는 척만 하고 있는 가치는 또 어떤 것인가? 그런 수상쩍은 가치들을 모두 나열해본 뒤 다른 사람들로부터 강요당한 게 아니라 스스로 결정한 윤리 규범에 맞게 살겠노라고 다짐하라.

- 지금까지 내가 저지른 '나쁜' 행동을 죽 열거해볼 것. 그 항목 하나하나에 1점에서 10점까지의 자책감 점수를 스스로 매겨보라. 점수를 더해보고 그 점수가 100점이든 100만 점이든 그 벌어지는 점수 차이만큼 현재 변화가 일어나고 있는지 살펴보라. 현재가 마냥 예전과 비슷하다면 내가 끌어안고 있는 모든 자책감은 괜한 시간 낭비에 불과했던 셈이다.

- 내 행동의 실제적 결과를 평가할 것. 내 인생에 득이 되는지 해가 되는지를 어정쩡한 기준으로 판단하지 말라. 나의 어떤 행동이 나 자신에게 기쁨이 되고 도움이 되는지를 판단할 줄 알아야 한다.

- 자책감을 자극해 나를 조종하려 드는 사람들에게는, 그들이 아무리 실망을 나타내도 나는 그 실망에 완벽하게 대처할 수 있다는 사실을 보여줄 것. 시간은 좀 걸리겠지만, 일단 다른 사람들이 자책감을 일으킬 수 없다고 판단하면 서서히 태도를 바꾸기 시작할 것이다. 이렇게 해서 자책감의 위세가 누그러지게 되면 감정에 휩쓸리거나

조종을 당할 염려는 영영 없어진다.

- 자책감이 생길 수밖에 없다고 판단되는 어떤 일을 해볼 것. 호텔에서 체크인할 때 작은 가방 하나만 달랑 들고 있기 때문에 혼자 너끈히 방을 찾아갈 수 있는데도 벨보이가 안내해주겠다고 따라붙으면 혼자 찾아가겠다고 다부지게 말하라. 그래도 따라오면 그 달갑잖은 상대에게 원치 않는 서비스에 대해서는 팁을 남길 마음이 없으니 내 옆에 붙어 있는 것은 괜한 시간과 에너지 낭비일 것이라고 말하라. 또한 늘 하고 싶었던 일이라면 일주일 정도 혼자 지내는 것도 좋다. 다른 가족들의 원성이 높아 나의 자책감을 자극하더라도. 이런 식으로 행동하면 주위 사람들이 능수능란하게 자책감을 자극시키면서 곳곳에서 나의 발목을 잡는다 해도 그런 상황에 대처하는 일이 조금은 수월해질 것이다.

자책감은 다른 사람들을 조종하기 위한 편리한 도구이며 쓸데없는 시간 낭비다. 동전의 또 다른 면인 걱정도 자책감과 똑같은 징후를 보인다. 다만 걱정은 미래에 집중되어 있으며 만에 하나 일어날지 모르는 온갖 끔찍한 일에 온 신경을 쏟는 경우라는 것이 다를 뿐이다.

걱정만으로 바꿀 수 있는 것은 없다

걱정할 것 없다! 아무것도. 우리는 지금 이 순간에도, 그리고 앞으로도 아직 일어나지도 않은 일에 대한 걱정 때문에 노심초사하면서 살아가고 있을지 모른다. 하지만 아무리 걱정을 해도 변하는 것은 하나도 없다. 걱정은 현재 일어나고 있는 일 또는 미래에 일어날 일 때문에 현재의 자신을 옭아매는 것으로 정의 내릴 수 있다. 걱정을 미래를 위한 계획과 혼동하지 않도록 주의해야 한다. 장래 계획을 세우고 있는 경우라면, 혹은 더 알찬 미래에 도움이 되는 경우라면 그것은 걱정이 아니다. 걱정이란 미래에 일어날 일 때문에 지금 어떤 식으로든 활력이 무디어지고 매사에 의욕을 잃는 상태만을 말한다.

우리 사회는 자책감을 조장하듯 걱정도 키운다. 다시 한번 말하건대 걱정은 걱정을 배려와 동일시하는 생각에서 출발한다. 누군가에게 관심이 있다면 그 사람에 대해 걱정해야 마땅하다는 논리다. "물론 걱정되지. 누군가를 좋아한다면 당연한 거 아냐?" 또는 "걱정이 안 될 수 없어. 당신을 사랑하니까" 등은 곧잘 들을 수 있는 말들이다. 그러니까 사람들은 적당한 시간에 적당한 양의 걱정을 하면서 자신의 사랑을 증명하는 셈이다.

걱정은 우리 문화에 만연해 있다. 대부분의 사람들이 터무니없이 많은 현재의 시간을 미래에 대해 걱정하는 데 허비하고 있다. 모두가 쓸데없는 걱정들이다. 한순간의 걱정도 상황을 개선시키지 못한다.

사실 쓸데없이 걱정을 하다가는 현재를 내팽개치기 십상이다. 더욱이 사랑하기 때문에 걱정한다는 것은 전혀 이치에 맞지 않는다. 사랑이란 조건 없이, 강요 없이 원하는 것을 마음대로 할 수 있는 권리가 있는 관계다.

남북전쟁이 발발했던 1860년에 살아 있었다고 가정해보자. 당시 미국은 전쟁을 위한 물자와 인력을 동원하고 있었고 총 인구는 약 3200만 명이었다. 그 3200만 명은 제각기 걱정거리를 산더미처럼 안고서 앞날에 대한 걱정으로 당면한 순간들을 전전긍긍하며 보냈다. 그들의 걱정거리는 전쟁, 식료품 가격, 징병, 경제 등이었다. 지금과 다를 게 뭐가 있는가. 그로부터 150여 년이 지난 지금 그런 모든 걱정들이 아무런 힘이 없었다는 것을 알 수 있다. 3200만 명의 걱정을 모두 한데 묶는다 해도 지금은 과거가 된 당시의 순간들을 단 한 자락도 변화시키지 못한다.

우리가 불안해하고 있는 현재에도 똑같은 논리가 적용될 수 있다. 우리가 지금 걱정만 늘어놓는다고 우리의 후손들이 살게 될 미래에 뭔가가 바뀌어 있을까? 결코 그렇지 않다. 또한 지금 걱정하고 있는 일들이 조금이라도 바뀌던가? 역시 그렇지 않다. 그렇다면 이런 걱정은 마땅히 정돈돼야 할 오류지대다. 자신에게 도무지 득이 되지 않는 행위 때문에 귀중한 현재의 순간들을 낭비할 수는 없는 일이지 않은가.

대부분의 걱정은 어떻게 손쓸 도리가 없는 일에 관한 것이다. 전쟁, 경제, 병에 걸릴 가능성에 대해 걱정하는 것은 각자 자유지만 걱정만 한다고 해서 평화와 번영과 건강이 얻어지는 것은 아니다. 그런 일들에 대해 개인이 지닌 통제력은 거의 없다. 더욱이 큰일이라도 날 것처럼 걱정했던 일이 실제 닥치고 보면 상상했던 것만큼 끔찍하지 않은 것으로 나타나는 경우가 많다.

해럴드라는 당시 45세의 환자를 몇 달 치료한 적이 있다. 그는 직장에서 해고되어 가족을 부양할 수 없게 되지나 않을까 걱정했다. 그는 강박증에 시달렸다. 체중이 줄기 시작하고 잠을 이루지 못했으며 몸져눕는 일도 많았다. 상담을 하면서 우리는 걱정이 얼마나 쓸데없는 것인지, 그리고 어떻게 하면 그가 안심할 수 있는지에 관해 이야기를 나눴다. 그러나 해럴드는 걱정을 공연히 사서 하는 사람이었다. 몇 달 동안 걱정을 하다가 마침내는 해고 통지서를 받았고 난생 처음으로 실직자가 되었다.

그러나 해고된 지 3일 만에 또 다른 일자리를 얻었다. 보수도 더 많고 더 만족스러운 직장이었다. 그는 악착같이 새로운 일자리를 찾았다. 그가 새 직장을 찾는 움직임은 신속했고 거침없었다. 그의 걱정은 모두 쓸데없는 것이었다. 가족이 굶어 죽는 일도 없었고 해럴드 자신도 좌절하지 않았다. 결국에 나타나는 상황은 사람들이 걱정을 만들어내면서 머릿속에 떠올리는 대부분의 암울한 상상처럼 끔찍하지 않다. 오히려 득이 되는 상황일 경우도 많다. 해럴드는 걱정이 쓸데없는 것이라는 사실을 몸소 체득했으며, 실제로 걱정을 훌훌 털어버린 삶의 자세를 택하기 시작했다.

랠프 쇤스타인Ralph Schoenstein은 미국의 주간 잡지《뉴요커The New Yorker》에 〈녹슨 알맹이를 찾아서〉라는 제목으로 발표된 에세이에서 이렇게 풍자했다. 걱정에 관한 매우 명석한 논조로 쓰인 글이었다.

구구절절 정말 대단하다! 케케묵은 걱정거리에서 새로운 걱정거리
까지. 우주적인 걱정거리에서 사소한 걱정거리까지. 걱정도 팔자인

사람들은 얼마나 독창적인지, 최초의 보행자에서부터 태초에 이르기까지 온갖 걱정을 망라하며 온 세상의 걱정을 끝도 없이 끌어안고 살아야 직성이 풀린다. 태양이 빛을 잃는다면 기상청이 한밤중에도 일을 할까? 저온 냉동인간이 행여 되살아나면 다시 주민등록번호를 발급받고 투표에 참여해야 할까?

걱정을 사서 하는 '중증' 기우자들이 있다. 중증 기우자란 생각해낼 수 있는 모든 일에 대해 몸소 나서서 걱정한 결과 살아가면서 필요하지 않은 스트레스와 불안을 만들어내는 부류다. 또 개인적인 문제에 대해서만 걱정하는 경증 기우자들도 있다.

다음에 제시할 목록은 "나는 무엇을 걱정하는가?"라는 질문에 가장 흔히 나올 수 있는 대답들이다.

걱정은 더 큰 걱정을 부른다

다음의 연구 자료는 어느 날 저녁 강연회에서 약 200명의 성인들로부터 수집한 것이다. 이 자료는 이를테면 '걱정 진단표'다. 위에서 살펴본 '자책감 점수'와 마찬가지로 '걱정 점수'도 스스로 매길 수 있다. 이 자료는 빈도수나 중요도 순은 아니다. 이어지는 말은 걱정을 정당화하기 위해 흔히 들먹이는 말들이다.

- 자녀 — "누구든 자식에 대해 걱정해. 걱정을 안 한다면 좋은 부모가 아닐 거야. 그렇지 않아?"

- 건강 — "건강에 대해 걱정하지 않으면 언제 죽을지 몰라!"

- 죽음 — "죽고 싶은 사람이 어디 있어? 누구든 죽음에 대해 걱정해."

- 직장 — "걱정하지 않고 있으면 실직할지도 몰라."

- 경제 — "누군가는 걱정을 해야 해. 대통령은 경제 걱정은 안중에도 없는 것 같으니까."

- 심장 발작 — "누구든 심장 발작을 일으키지 않을까 불안해." "심장은 언제라도 멈출 수 있어."

- 노후 대책 — "노후에 대해 걱정하지 않으면 늙어서 궁색하게 살거나 생활 보호 대상자 신세가 될 거야."

- 배우자의 행복 — "그 사람의 행복에 대해 얼마나 마음을 쓰는지 몰라. 그런데 정작 본인은 그 사실을 고마워하지 않아."

- 일의 성취도 — "난 항상 일을 내가 제대로 하고 있는지 전전긍긍해. 걱정을 하고 있어야 '내가 잘하고 있구나' 하는 생각이 들어."

- 건강한 아이 출산 — "예비 엄마라면 누구든 걱정해."

- 물가 — "걷잡을 수 없어지기 전에 누군가 방법을 찾아야지."

- 사고 — "배우자나 아이들이 사고를 당하지나 않을까 항상 걱정이야. 그런 걱정을 하는 건 당연한 일 아냐?"

- 다른 사람들의 평가 — "친구들이 혹시 나를 싫어할까 봐 걱정이야."

- 체중 — "뚱뚱해지고 싶은 사람이 어디 있어? 그러니까 모처럼 빼

놓은 살이 다시 붙을까 걱정하는 것은 당연해."

- 금전 ― "우린 돈이 많아본 적이 한번도 없는 것 같아. 무일푼이 되어 극빈자 신세가 될까 봐 걱정이야."

- 자동차 고장 ― "워낙에 고물 차인 데다 고속도로를 타고 다니잖아. 그러니까 당연히 걱정이 되지. 고장이라도 나면 어쩌나 하고."

- 세금 ― "누구나 세금 걱정을 해. 세금 걱정 안 하는 사람이 있을라고."

- 부모의 죽음 ― "만약 부모님이 돌아가시면 어떻게 해야 할지 모르겠어. 나 혼자 남겨지면 어떻게 하지? 감당 못 할 거야."

- 날씨 ― "놀러 갈 계획을 세워야 하는데 비가 올 것 같아."

- 나이 듦 ― "늙고 싶은 사람은 아무도 없어. 그러니 걱정될 수밖에." "퇴직하면 무얼 해야 할지 정말 걱정이야."

- 여러 사람 앞에서 말하기 ― "사람들 앞에 나가면 온몸이 뻣뻣해져. 나가기 전부터 걱정돼 미칠 것 같아."

- 배우자가 전화하지 않을 때 ― "사랑하는 사람이 어디 있는지, 무슨 일이 생긴 건 아닌지 걱정하는 것은 당연해."

- 시내에서의 자동차 운전 ― "정글 같은 곳에서 무슨 일이 일어날지 누가 알아? 시내에 나갈 때마다 불안해." "주차 공간이나 있으려나?"

그리고 어쩌면 그중 가장 히스테릭한 걱정은 이것일 것이다.

- 걱정할 일이 하나도 없는 것 — "모든 일이 제대로 굴러가는 것 같지만 그저 가만히 앉아 있을 수만은 없어. 앞으로 무슨 일이 일어날지 모르니까."

지금까지 우리 문화에서 사람들이 가장 걱정하는 항목들을 총체적으로 살펴봤다. 각자 자신의 상황에 맞는 항목 각각에 대해 걱정 점수를 매길 수 있다. 총점을 매겨보면 점수가 몇 점이든 결국에는 무의미해진다는 것을 알 수 있다.

걱정이 주는 보상의 실체

걱정을 없애려면 걱정 이면의 원인을 이해할 필요가 있다. 늘상 걱정을 끌어안고 사는 사람이 있다면 그것은 틀림없이 어제오늘의 일이 아닐 것이다. 그렇다면 그렇게 걱정을 해서 얻을 수 있는 보상은 무엇인가?

걱정이 주는 보상은 자책감으로 얻을 수 있는 노이로제 보상과 비슷하다. 걱정과 자책감은 둘 다 자신을 껍데기만 남게 하는 행동이며, 다만 시간적 기준에서 차이를 보일 뿐이다. 자책감은 과거에, 걱정은 미래에 초점이 맞춰져 있다.

- 걱정을 하는 것은 현재에 진행되는 행위다. 따라서 미래에 대한 걱

정으로 현재를 꼼짝 못 하게 붙들어놓으면 현재와, 현재 자신이 하기 싫거나 겁내고 있는 모든 일을 회피할 수 있다.

- 걱정 때문에 아무 일도 할 수 없다면서 위험을 감수해야 할 필요를 회피할 수 있다. 당면한 순간의 걱정에 사로잡혀 있는 마당에 어떻게 행동에 나설 수 있겠는가? "아무 일도 손에 잡히지 않아. 지금 너무 걱정이 돼서…"는 곧잘 듣게 되는 한탄이다. 이 보상은 어떤 행동에 따르는 위험을 피하고 현상유지를 할 수 있게 해준다.

- 걱정을 하면서 스스로를 배려할 줄 아는 사람이라고 자처할 수 있다. 걱정을 통해 자신이 좋은 부모, 좋은 배우자 등 착한 역할을 도맡고 있는 사람이라고 과시하는 것이다. 논리적으로는 건전한 사고방식이랄 수 없겠지만 멋진 보상이 아닐 수 없다.

- 걱정은 자기 파괴적인 행동에 대한 손쉬운 변명이 된다. 비만인 사람의 경우 걱정을 하다 보면 평상시보다 더 많이 먹게 된다. 걱정에 매달리고 있다는 훌륭한 이유가 있기 때문이다. 마찬가지로 걱정을 안고 있는 상황에서는 담배도 더 많이 피우게 된다. 그러면서 걱정 때문에 담배를 끊을 수가 없다고 말하기도 한다. 바로 이런 노이로제 보상 시스템은 결혼, 금전, 건강 등과 같은 영역에도 적용될 수 있다. 걱정 덕분에 변화를 피할 수 있는 것이다.

- 걱정은 충실한 삶을 방해한다. 걱정을 하는 사람은 빈둥거리며 이런저런 일들을 곰곰이 곱씹는다. 반면 행동가는 일어서서 적극적으로 움직여야 직성이 풀린다. 그러므로 걱정은 소극적이 될 수 있는 꾀바른 수단이다. 분명 적극적이고 열심인 사람이 되기보다 걱정을 하

면서 퍼질러 앉아 있는 편이 얻는 건 별로 없어도 훨씬 마음 편하다.

- 걱정은 궤양, 고혈압, 경련, 지끈지끈한 두통, 요통 등을 유발하기도 한다. 그게 무슨 보상이냐고 반문할 수도 있겠지만, 그런 증상들을 안고 있으면 다른 사람들로부터 상당한 관심을 끌 수 있고 자기 연민 역시 정당화된다. 이런 까닭에 자기 성취보다 차라리 자기 연민을 택하는 사람도 있다.

지금까지 자꾸 걱정에 빠져들게 되는 이유를 살펴보았다. 이제부터는 오류지대에서 급속히 번식하고 있는 걱정이라는 해충을 제거하기 위한 전략적인 노력을 강구해보자.

- 현재는 미래에 대해 집착하고 있을 때가 아니라 충실하게 살아야 할 때라는 점을 명심할 것. 막 걱정을 시작할 참에 "걱정으로 허송세월하면서 내가 회피하고 있는 일이 무엇인가?"라고 자문해보면 좋다. 그런 다음 내가 기피하고 있는 일이 무엇이 됐건 그 일을 공략하기 시작하라. 걱정의 가장 좋은 해독제는 실행이다.
- 걱정이 터무니없다는 사실을 인정할 것. "내가 그 일을 걱정한다 한들 상황이 바뀔 수 있는 가능성이 조금이라도 있는가?"라고 몇 번이고 자문해보라.
- 자신의 '걱정 시간'을 점점 줄여나갈 것. 오전, 오후 10분씩을 걱정하는 시간으로 지정하라. 그 시간 내에는 불행이 일어날 온갖 가능성에 대해 마음껏 고민하라. 그런 다음 정해놓은 시간을 넘기는 걱정

이 있으면 능력껏 생각을 제어하면서 다음의 '걱정 시간'까지 미뤄두라. 그렇게 하면 비록 짧은 시간이라도 그런 낭비적인 방식으로 시간을 쓰는 것이 얼마나 어리석은 짓인가를 깨닫게 될 것이다. 그리고 언젠가는 자신의 '걱정 지대'도 완전히 없어질 것이다.

- 어제, 지난주, 심지어 지난해에 걱정했던 모든 일에 대한 걱정 목록을 작성해볼 것. 걱정했던 일 가운데 단 하나라도 상황을 개선시켰는지 살펴보라. 걱정했던 일 가운데 어느 정도가 현실로 나타났는지 역시 살펴보라. 이내 그 걱정이 곱절로 낭비적인 행위였다는 것을 깨닫게 될 것이다. 걱정은 미래를 변화시킬 힘이 전혀 없다. 고민했던 불행도 막상 현실이 되고 보면 결국 사소한 일, 심지어는 전화위복이 되는 상황으로 드러나는 경우도 있다.

- 그냥 걱정하라! 걱정하고 싶은 생각이 들면 그 걱정이 남들에게 보여줄 수 있는 성질의 것인지 살펴보라. 즉 잠시 멈추고 누군가에게 "자, 나 이제 걱정할 거야"라고 말해보라. 그들은 아마 무척 황당해할 것이다. 우리는 그토록 잘하면서도 자주 하고 있는 일을 드러내 보이는 방법조차 알지 못한다.

- 스스로에게 "내게 일어날 수 있는 최악의 일이 무엇이고, 그런 일이 일어날 가능성은 어느 정도인가?"라고 질문을 던져볼 것. 그렇게 하면 걱정이 얼마나 터무니없는 일인지 알게 될 것이며 그 걱정을 날려버릴 수 있을 것이다.

- 평상시에 품고 있던 걱정과 정반대되는 행동을 의식적으로 취해볼 것. 장래를 위해 충분한 돈을 저축해야 한다고 지나치게 집착하며

노상 불안해하는 사람이라면 오늘부터는 돈을 쓰기 시작해보라. 유언장에 "나는 정신이 똑바로 박힌 사람이었기 때문에 살아 있는 동안 가지고 있는 모든 돈을 썼다"라고 적은 어떤 사람처럼.

지금까지 걱정을 없앨 수 있는 방법 몇 가지를 살펴봤다. 그러나 걱정을 말끔히 씻어낼 수 있는 가장 효과적인 무기는 우리 인생에서 그런 노이로제 행동을 몰아내고자 하는 스스로의 의지다.

현재를 살아라

현재가 바로 자책감이나 걱정에 사로잡힌 행위를 이해하는 열쇠다. 현재를 충실히 살아가고 과거나 미래에 매몰되어 현재의 순간들을 허깨비처럼 보내지 않는 법을 배워야 한다. 숨 쉬고 있는 것은 지금 이 순간뿐이다. 그리고 무익한 자책감과 걱정은 모두 현실도피 안에서 자행되고 있는 행위다.

영국의 동화 작가 루이스 캐럴Lewis Carroll은 『거울 나라의 앨리스Alice Through the Looking Glass』에서 현재의 삶에 대해 이렇게 적고 있다.

"규칙이 있다. 즉 내일의 잼과 어제의 잼은 있어도 오늘의 잼은 없다."
그러자 앨리스는 반박했다.
"그래도 언젠가는 오늘의 잼이 될걸요."

새로운 경험을 즐긴다

불안한 자만이 안정을 갈구한다.

미지의 세계 탐색에 전 생애를 바친 알베르트 아인슈타인Albert Einstein은
《포럼》1930년 10월호에 발표한 「내가 신봉하는 것What I believe」이라는
제목의 논문에서 이렇게 말했다.

가장 아름다운 경험은 신비다. 신비야말로 모든 예술과 과학의 진정
한 원천이다.

그는 신비가 모든 '성장과 자극의 원천'이라고 말하는 것 같다. 그

러나 대다수의 사람들은 미지의 것과 위험을 동일시한다. 확실한 것만을 상대하고, 내가 향하고 있는 곳을 항상 잘 아는 것이 인생의 목표라도 되는 양 행동한다. 삶의 흐릿한 영역을 탐색하는 위험을 감수하는 것은 무모한 사람이나 하는 짓거리이기 때문에, 결국에는 놀라고 상처 입고 최악의 경우에는 무방비 상태에 이르게 될 것이라 생각하는 듯싶다.

하지만 미지의 것에 대해 어떻게 대비할 수 있을까. 아무리 보아도 그것은 불가능한 일이다. 그러나 사회는 미지의 것을 피해야 불상사를 겪게 되지 않을 거라 가르치고 있다. 삶이 밋밋하고 무미건조하더라도 안전하게, 위험을 감수하지 말고, 이정표를 따라가라는 취지다.

어쩌면 우리는 그 모든 확실성에 넌더리가 나 하루하루가 다를 바 없다는 사실을 눈치 챘을지 모르겠다. 질문이 던져지기도 전에 이미 그 답을 알고 있다면 어찌 발전이 있을 수 있겠는가. 우리 인생에서 가장 기억에 남는 때는 한순간 한순간 자신이 살아 있다는 것을 느끼며 하고 싶은 것을 마음대로 하고 신비로운 것에 대한 기대에 가슴 설렐 때이지 않을까?

우리는 평생 문화가 전달하는 확실성의 메시지를 듣는다. 그 메시지는 가정에서 시작되어 교육을 통해 강화된다. 아이들은 실험적인 일은 기피해야 하며 미지의 것은 가까이해서는 안 된다는 가르침을 받는다. 안전을 끔찍하리만큼 독려하는 메시지에 아직도 매달리고 있다면 이제 그 메시지에서 자유로워질 때다.

새로운 것을 시도할 수 없다는 생각과 애매모호한 행동은 이제 내다 버려라. 결심만 선다면 충분히 가능한 일이니까. 그러기 위해서 새로운 경험이라면 무조건 피하고 보는 후천적 조건반사 행동을 이해하는 일부터 시작해보자.

새로운 경험에 가슴을 열어라

무엇이건 못 해낼 게 없다. 자기 자신을 충분히 신뢰하고 있다면 말이다. 일단 확실하지 않은 영역에 용기 있게 발을 내디뎌보겠다고 마음먹으면 우리는 인간에게 허용된 경험을 모조리 마음껏 즐길 수 있다.

천재라고 불리는 사람들, 놀랄 만큼 멋진 삶을 살았던 사람들을 떠올려보라. 그들은 오로지 하나만 잘했던 사람들이 아니다. 미지의 것을 피하는 사람들도 아니었다.

벤저민 프랭클린, 루트비히 판 베토벤, 레오나르도 다 빈치, 예수, 알베르트 아인슈타인, 갈릴레오 갈릴레이, 버트런드 러셀, 조지 버나드 쇼, 윈스턴 처칠을 비롯해 많은 이들이 개척자이자 미심쩍은 미지의 영역으로 들어간 모험가였다.

그들도 우리와 똑같은 사람이다. 유일한 차이라면 그들은 다른 사람들이 감히 밟지 못한 곳을 기꺼이 가로질러갔다는 것이다. 새 시대를 연 또 한 사람인 알베르트 슈바이처Albert Schweitzer는 "인간과 관련된 것치고 내게 이질적인 것은 없다"고 말했다.

우리는 새로운 시각으로 자신을 바라볼 수 있다. 한순간이라도 자신

안에 내재된 가능성의 일부라고 생각해본 적 없는 경험에도 스스로를 열 수 있다. 아니면 죽을 때까지 똑같은 일을 똑같은 방식으로 하는 수밖에. 위대한 사람들은 그렇게 살지 않았다. 대체로 그들의 위대함은 미지의 세계에 도전한 그 대담성과 탐색의 질에서 빛을 발했다.

새로운 경험에 스스로를 노출시킨다는 것은, 불안하기 짝이 없는 변화를 일구려고 노력하기보다 친숙한 것 위에 뭉개고 앉아 있는 편이 낫다는 안일한 생각을 집어던지는 것을 뜻한다.

어쩌면 우리는 자신이 하도 유약해서 생판 낯선 영역으로 들어갔다가는 스스로 감당하지 못하고 쉽게 무너져 내릴 거라는 태도를 취해왔는지도 모른다. 그것은 잘못된 생각이다. 당신은 강인한 사람이다. 새로운 것에 접하는 일 정도로 쓰러져버리거나 힘들어할 사람이 아니다. 오히려 판에 박힌 일상과 단조로움에서 다소나마 벗어나면 심리적 좌절을 피할 수 있는 가능성이 훨씬 커진다. 권태는 생기를 앗아가는 것이며 정신적으로도 건강치 못한 상태다. 한번 삶에 흥미를 잃게 되면 언제 와르르 무너져 내릴지 모른다. 하지만 인생에 불확실성이라는 양념을 약간만 얹어주면 근본을 알 수 없는 그런 심리적 나락으로 빠져들지 않을 수 있다.

"길이 아닌 곳은 아예 가지 마라"는 식의 사고방식을 가지고 있는가? 그런 사고방식은 새로운 경험에 마음의 문을 닫게 한다. 수화를 하는 청각장애인을 보면 호기심이 가는 것은 사실이지만 그들과 대화를 나눠보려는 시도는 절대 하려 들지 않는다. 외국인을 만났을 때에도 어떻게든 말을 걸어보려 하지 않고 주위만 서성대다가 결국 타국

인과 의사소통을 하는 광활한 미지의 세계를 멀리할 것이 틀림없다. 미지의 것이라는 이유만으로 금기시되는 행위나 사람들은 무수히 많다. 때문에 동성연애자, 성전환자, 신체장애자, 정신지체자 등은 사람들 관심의 사각지대에 놓여 있다. 우리는 어떻게 행동해야 할지 몰라 어정쩡한 태도를 취하다가 결국에는 피해버리고 만다.

어떤 일을 하는 데 반드시 이유가 있어야 한다고 믿을지도 모르겠다. 이유가 없는 일을 왜 하느냐는 식 말이다. 이건 정말 말도 안 되는 생각이다. 원하는 것은 무엇이건 할 수 있다. 이유는 오직 하나, 내가 원하기 때문이다. 사실 어떤 일을 하는 데 다른 이유는 필요 없다. 무슨 일에나 이유를 붙이는 사고방식은 새롭고 흥미로운 경험을 가로막는다.

어렸을 적 시간 가는 줄 모르고 메뚜기를 가지고 놀았던 경험이 있었을 것이다. 이유가 있었는가? 그저 재미있었기 때문이었다. 언덕을 오르고 여기저기 뛰어다녀보기도 했을 것이다. 이유가 있었는가? 그냥 그러고 싶었기 때문이었다.

그러나 어른이 되면 하는 일마다 그럴듯한 이유를 붙여야 한다. 그토록 이유를 유난스레 찾아내는 것은 가슴을 열고 성장할 수 있는 기회를 막는다. 나 자신을 포함해 누구에게도 이제 다시는 어떤 식으로도 이유를 붙일 필요가 없다는 사실을 깨달으면 얼마나 홀가분한 기분이 들겠는가.

'원한다면' 무엇이건 할 수 있다. 다른 이유는 필요 없다. 이렇게 생각하면 새로운 경험의 지평이 열리고, 이제는 생활방식이 되어버린

듯한 미지의 것에 대한 두려움을 없애는 데 도움이 된다.

어제에 머물러 오늘을 살지 못하다

자신의 즉흥성을 면밀히 살펴보라. 나는 새로운 것에 마음을 열 수 있는가? 아니, 몸에 밴 행동에 고집스럽게 매달리는 앞뒤 꽉꽉 막힌 사람은 아닌가? 즉흥성이란, 재미있을 것 같아 어떤 일을 순간적 기분에 휩쓸려 시도할 수 있는 능력을 의미한다. 그러면 실제 해보니까 별 재미는 없었지만 그 시도 자체는 꽤나 재미있었다고 생각하게 될지도 모른다. 무책임하다거나 무모하다는 비난을 들을지도 모른다. 하지만 미지의 것을 발견하면서 너무도 멋진 시간을 보내고 있는 마당에 다른 사람들이 뭐라 하든 그게 무슨 상관인가.

'지체 높으신 분'들은 즉흥적이 되는 것을 꺼려하는 경우가 많다. 그들은 자신이 어리석은 것들을 맹목적으로 추종하고 있다는 사실도 모른 채 경직된 방식으로 평생을 살아간다. 야당이건 여당이건 당 지도자의 말을 지지하고 당의 노선에 한 표를 던진다. 즉흥적으로 그리고 솔직하게 말하는 사람들은 이미 정계를 떠난 인사들인 경우가 많다. 독자적인 사고는 묵살되고 생각하고 말하는 방식에 대한 약정된 지침이 있어 그에 따를 뿐이다. 예스맨은 즉흥적인 사람이 못 된다. 그들은 온몸으로 미지의 것을 두려워할 뿐이다. 그들은 대세에 영합한다. 시키는 대로 따를 뿐이다. 도통 반기를 드는 법이 없고 자신에게 기대되는 바를 엄정히 준수할 따름이다. 나는 어느 쪽에 속한 사람인가? 나름의 주관을 가지고 있는 사람인가? 반드시 확실한 결과로 이어진다고 보장할 수 없는 길로 자발적으로 발을 내디딜 수 있는 사람인가?

경직된 사람들은 결코 성장하지 않는다. 늘 해오던 방식대로 일을 처리하려는 경향이 있기 때문이다. 대학원에서 현직 교사들에게 강의를 하는 동료가 있는데, 그는 곧잘 30년이 넘도록 교직에 몸담은 그 '노땅' 선생님들에게 이런 질문을 던진다.

"정말로 30년 동안 학생들을 가르치셨습니까? 한 해를 재탕해 30번 가르치신 건 아니고요?"

이 책을 읽는 독자들에게도 묻고 싶다. 당신은 1만 일이든 그 이상이든 지금까지 살아온 나날들을 진정으로 살아왔는가? 혹시 똑같은 하루를 1만 번, 또는 그 이상 재탕해 살아온 것은 아닌가? 앞으로 더 즉흥적으로 살도록 노력하기 위해 스스로에게 꼭 자문해보자.

즐거운 인생은 계획으로 얻어지지 않는다

경직성은 모든 선입견, 다시 말해 섣부른 판단의 바탕을 이루고 있다. 선입견은 어떤 사람이나 생각, 행동을 끔찍이 싫어하거나 꺼려한다기보다는 익숙한 것이나 나와 비슷한 사람들과 함께 있는 것이 훨씬 마음 편하고 안전하다고 생각하는 것이다. 선입견은 자신에게 득이 되는 것처럼 보인다. 선입견을 갖고 있으면 잘 모르고 어쩌면 골치 아플 가능성이 있는 사람과 일, 생각에 접근하지 않아도 되니까.

그러나 사실 선입견은 자신에게 불리하게 작용한다. 미지의 것을 탐색하지 못하도록 방해하기 때문이다. 즉흥적이 된다는 것은 선입견을 버리고 새로운 사람을 만나거나 새로운 생각을 시도하도록 스스로를 허용한다는 것을 의미한다. 선입견은 애매하고 아리송한 영역으로의 진입을 막는, 그리하여 성장을 가로막는 이중벽이다. '익숙하지 않은' 사람은 어느 누구도 믿지 않는다는 것은 친숙하지 못한 영역에서는 자기 자신도 믿지 못한다는 것을 의미한다.

'계획된 즉흥성' 같은 것은 없다. 말 자체도 앞뒤가 맞지 않는다. 우리 주변에는 계획표를 세워두고 그 계획에 맞춰 살아가고 있는 사람들이 많다. 그들은 자신의 인생이 처음의 계획에서 한 치라도 어긋나면 무슨 큰일이라도 나는 줄 안다. 그 계획이 반드시 나쁘다고는 할 수 없지만 계획에 지나치리만큼 푹 빠지는 것은 그야말로 노이로제다. 25세, 30세, 40세, 50세, 70세 등의 나이에 무슨 일을 하겠다고 인생 설계를 해두고 현재 자신이 어느 위치에 있는지 확인하기 위해 그 예정표를 들여다본다. 날마다 새로운 결심을 하지도 않고, 자신에 대한 심지 굳은 믿음이 있어 그 계획을 수정할 수 있는 것도 아니다. 계획의 노예가 되지 말라!

내 환자 가운데 헨리라는 20대 중반의 청년이 있었다. 그는 심한 계획 세우기 노이로제에 시달렸다. 그 결과 인생 절호의 기회를 놓친 적이 한두 번이 아니었다. 22세에 그는 다른 주에서 스카우트 제의를 받았다. 하지만 그는 삶의 터전을 바꿔야 한다는 생각에 잔뜩 움츠러들었다. 미지의 세계에 대한 두려움 때문에 헨리는 말 그대로 꼼짝달싹 못했다. 그는 어쩌면 출세의 기회가 됐을지도 모르는 재미있고 새로운 일, 완전히 새로운 환경이라는 기회를 저버리고 현상유지를 택했다. 헨리가 상담을 받으러 온 이유도 바로 그 일 때문이었다.

상담 결과 헨리는 못 말리는 계획 집착증 환자라는 것을 알 수 있었다. 매일 똑같은 아침식사를 했고 옷 입는 것도 미리 계획을 세웠으며 서랍장도 색깔과 크기별로 완벽하게 정리하지 않으면 못 견뎌했다. 게다가 가족들에게도 자신이 정해놓은 틀을 강요했다. 자녀에게는 물건을 제자리에 놓아두게 하고 아내에게는 자신이 만든 일련의 엄격한 규칙을 따르게 했다. 요컨대 헨리는 '정돈된 인간형'이었지만 몹시 불행했다. 그에게는 창의력, 혁신, 인간적 따스함이 부족했다. 그는 사실상 자기 자신에게도 정해진 틀을 강요하면서 모든 것이 제자리에 놓이는 것을 인생의 목표로 삼았다.

그러던 헨리가 상담을 받으며 즉흥적인 삶의 방식을 시도하기 시작했다. 그는 자신이 정해놓은 방식이 다른 사람을 조정하는 도구이며 위험을 동반한 미지의 세계에서 방황하지 않게 해주는 편리한 도피처라는 것을 깨닫게 됐다. 그는 곧 아내와 자식들에 대한 태도를 누그러뜨려 자신의 기대에 어긋나게 행동해도 마구 닦아세우지 않게 되었다.

몇 달 뒤, 헨리는 근무지가 자주 바뀌는 회사에 이력서를 냈다. 그가 본디 두려워했던 바로 그 일을 이제 마음으로 원하게 된 것이다.

헨리는 여전히 완전히 즉흥적인 인간은 아니지만 예전의 계획된 삶을 지탱했던 히스테리한 사고방식에 멋지게 도전했다. 그는 의식화된 방식대로 살아가지 않고 날마다 노력을 기울이며 인생을 즐기는 법을 배우고 있다.

확실해야 할 것은 내 마음뿐이다

학교에서 논문이나 에세이를 쓰는 법을 배운 적이 있을 것이다. 서론을 잘 잡고 짜임새 있는 본론을 갖춘 뒤 결론을 맺어야 한다는 식으로. 그리고 불행히도 우리는 인생에도 그와 똑같은 논리를 적용해 인생 자체를 논문처럼 생각하게 됐는지도 모른다. 서론은 제대로 된 사람이 되기 위해 준비하는 유년 시절이며 본론은 성인으로서의 삶이다. 이것은 정돈되고 계획된 삶으로 은퇴해 행복한 말년을 보내는 결론을 내기 위한 준비다.

이런 생각들은 현재 순간을 제대로 살아갈 수 없게 한다. 이렇게 계획에 따라 살아가기만 하면 틀림없이 모든 것이 언제까지나 잘될 것이라고 생각하는 것 같다. 그러나 최종 설계인 안전은 죽음을 위한 것이다. 안전이란 앞으로 무슨 일이 일어날지 미리 알고 있는 것이며 자극, 위험, 도전이 없다는 것이다. 안전은 성장하지 않는 것을 의미하고, 성장하지 않는 것은 곧 죽음을 뜻한다.

게다가 안전은 그릇된 통념이다. 이 세상에 사는 한, 이 세상의 구조가 바뀌지 않는 한 결코 안전할 수 없다. 설령 안전이라는 것이 있을 수 있다고 해도 그것은 끔찍한 삶의 방식이다. 확실성은 흥미와 성장의 싹을 잘라내기 마련이니까.

여기서 안전이란 외면적인 보장, 즉 금전이나 집이나 자동차 등의 재산, 직업이나 사회적 지위 등의 보루를 말한다. 물론 추구할 만한 가치가 있는 또 다른 종류의 안전이 있다. 그것은 미래에 어떤 일이 닥쳐도 의연하게 감당해낼 수 있다는 자신감, 즉 내면적인 안전이다. 그것이야말로 유일무이한 영속적인 안전이요, 진정한 안전이라 할 수 있다. 일은 어긋날 수 있다. 불황으로 인해 뜻하지 않게 쪽박을 찰 수도 있다. 주택 융자금을 못 갚아 집이 경매로 넘어갈 수도 있다. 믿을 수 있는 것은 나 자신뿐이다. 나와 내 안의 내적인 힘에 대한 굳은 믿음만 있다면 물질적인 것은 있으면 좋고 없어도 무방한 인생의 부속품일 따름이라는 생각을 할 수 있게 된다.

외적인 안전의 덫에 빠지지 말라. 그것은 내가 살아가고 성장하며 내 역량을 충분히 발휘하는 능력을 앗아갈지도 모른다. 가진 것이 많지 않은, 다시 말해 외적인 안전이 없는 사람들을 보라. 어쩌면 그들이 나보다 한 수 위일지도 모른다. 적어도 그들은 새로운 것들을 시도해볼 수 있을 뿐 아니라 항상 안전한 것에 머물러 있어야 한다는 올가미를 피할 수 있지 않은가.

미국의 가톨릭 신부이자 시인인 제임스 카바노James Kavanaugh는『내 친구가 되어주겠니?Will you be my Friend?』의 「언젠가는Some Day」이라는 짧은 시에서 안전에 대해 이렇게 표현하고 있다.

언젠가는 떠나련다

자유로워지련다

무미건조한 것들을 떠나

안전한 밋밋함을 떠나

연락처도 남기지 않으련다

황량한 광야를 가로질러

그곳에 세상을 떨구기 위해

아무런 근심 없이 떠돌련다

한가한 지도책처럼

성공도 실패도, 그뿐이다

성취에 대한 강박관념을 갖고 있는 사람은 카바노의 표현처럼 '자유로워지기' 위해 '떠나기'는 어렵다. 실패에 대한 두려움은 우리 사회에서 이만저만 위압적인 존재가 아니다. 그러한 두려움은 어린 시절 주입돼 전 생애에 걸쳐 영향을 미치는 경우가 많다.

이상하게 들리겠지만 실패라는 것도 역시 존재하지 않는다. 실패는 단지 특정 행위가 어떤 식으로 마무리됐어야 했다는 다른 사람의 의견일 뿐이다. 구체적으로 정해진 방식으로 행해져야 할 일 따위는 없다고 믿는다면 실패란 있을 수 없다.

스스로의 기준에 비추어 실패하는 경우가 있을 수는 있지만, 여기에서 중요한 것은 그 행동과 자신의 가치를 동일시해서는 안 된다는 것이다. 어떤 일에 성공하지 못했다 해도 그것은 인간으로서 실패한 게 아니다. 어느 시기에 어떤 시도를 했는데 성공하지 못했던 것뿐이다. 오로지 그뿐이다.

동물의 행태를 설명하면서 실패라는 말을 사용하는 경우가 있는가? 예를 들어 개가 15분간 짖고 있는데 누군가 "저 개는 그다지 잘 짖지 못하는군. 50점!"이라고 말한다 치자. 얼마나 터무니없는가! 낙제하는 동물이 있는가? 동물이 낙제한다는 것은 있을 수 없는 일이다. 자연 행위를 평가하는 규정 따위는 없기 때문이다. 거미가 거미줄 치는 것을 두고 성공작이니 실패작이니 하고 말할 수 있겠는가? 고양이가 쥐를 잡을 때에도 한번 시도하여 실패하면 그냥 다른 쥐를 쫓아간다. 그 자리에 드러누워 놓친 쥐를 놓고 푸념하고 불평하지는 않는다. 실패했다며 신경쇠약에 걸리지도 않는다. 그저 자연스러운 행위일 뿐! 이와 같은 논리를 우리에게도 적용시켜 실패에 대한 두려움을 걷어내 버리는 게 어떻겠는가?

우리 문화는 가장 자기 파괴적인 두 마디 말을 이용해 사람들을 성취로 몰아붙인다. 무수히 들어왔고 사용해온 말, 즉 "최선을 다하라!"가 바로 그것이다. 이 말이 성취 노이로제의 초석이다. 무슨 일을 하든 최선을 다하라는 것이다. 자전거를 좀 시원찮게 탄다고 뭐 어떻다는 건가. 공원에서 산책하는 행위에도 점수를 매겨야 하는가? 살아가면서 어떤 일들은 죽을힘을 다해서가 아니라 그냥 하면 안 되는 걸까? "최선을 다하라"의 노이로제는 새로운 활동을 시도하거나 이전부터

해왔던 활동을 마음껏 즐기지 못하게 한다.

루안이라는 18세의 고등학생을 상담한 적이 있다. 루안은 성취강박 관념에 사로잡혀 있었다. 루안은 학교라는 곳에 첫발을 들여놓은 순간부터 성적이 죄다 A였다. 그녀는 따분할 정도로 오랜 시간 동안 공부에 매달렸고, 그 결과 자신을 돌아볼 시간이 전혀 없었다. 그녀는 공부에 관한 한 참으로 치밀했다. 그러나 루안은 남자애들 앞에서는 수줍어 몸이 오그라들었다. 데이트는커녕 손 한번 잡아본 적이 없었다. 내가 그런 이야기를 하면 그녀는 너무도 긴장한 나머지 언제나 경련을 일으켰다. 루안은 학업 성취에는 온통 신경을 곤두세웠지만 총체적인 발달은 이루지 못했던 것이다.

상담을 하며 나는 인생에서 지성과 감성 중에 뭐가 더 중요하냐고 물었다. 그녀는 졸업을 하면서 졸업생 대표로 뽑혔지만 내면의 평안이 부족했으며 실은 매우 불행했다. 그녀는 자신의 감성을 어느 정도 중요하게 생각하기 시작했다. 그리고 학업에 뛰어난 만큼 다른 사회적 행동 역시 공부를 하듯 열심히 배워나갔다.

그로부터 1년 뒤, 루안의 어머니가 내게 전화를 걸어 루안이 대학에 들어가 영어 과목에서 처음으로 C학점을 받았다며 걱정했다. 나는 루안의 어머니에게 이렇게 말해주었다. 떠들썩하게 칭찬해주고 기념으로 맛있는 저녁을 사주라고 말이다.

반드시 완벽하려고 하지 말라

대체 왜 무슨 일이든 안간힘을 쓰고 잘해야 하는가? 누군가가 점수를 매기기라도 하는가? 윈스턴 처칠Winston Churchill은 완벽주의에 대해 다음과 같은 유명한 글귀를 남겼다. 이 글은 성공을 끊임없이 추구하는 것이 사람들로 하여금 얼마나 기를 못 펴게 하는 일인지 지적하고 있다.

"완벽이 아니면 모두 소용없다"라는 격언을 한 단어로 줄이면 '무기력'이다.

"최선을 다하라"라는 완벽주의적인 말은 우리를 잔뜩 움츠러들게 한다. 물론 살아가면서 진정 최선을 다하고 싶어 자신을 송두리째 바치는 어떤 중요한 일이 있게 마련이다. 그러나 대부분의 경우 최선을 다해야 한다거나 심지어는 잘해야 한다는 것조차 실행에 걸림돌이 될 수 있다. 일단 해보면 즐거울지 모르는 일을 완벽주의 때문에 기피하면서 방관자적인 입장을 취하지 말라. "최선을 다하라"를 그냥 "하라"로 바꿔보자.

완벽주의는 다시 말해 발이 묶인 상태다. 자신에게 완벽이라는 기준을 적용하면 앞으로는 도무지 어떤 것도 시도해볼 엄두가 나지 않기 때문이다. 완벽은 인간에게 적용하는 개념이 아니기에 그걸 기준으로 하면 운신의 폭이 매우 좁아진다. 신은 완벽할 수 있다. 하지만 인간인 우리는 그런 얼토당토않은 기준을 자신이나 자신의 행동에 적용할 필요가 없다.

자녀에게 최선을 다하라고 강요하며 무기력과 분노의 씨앗을 심지 말라. 대신 자녀가 가장 즐겨 할 만한 일에 대해 이야기를 나눠보라. 그리고 그런 일에 대해서는 "힘껏 노력해봐"라고 격려하라. 그러나 그 외의 활동들에 대해서는 성공보다는 실행이 훨씬 중요하다. 예를 들어 배구 시합에 대해 "나는 잘 못해"라며 주위에 머물러 있으려 하거든 한번 해보라고 격려하며 이끌어주자. 스키든, 노래든, 그림이든, 춤이든 하고 싶으면 뭐든 해보라고 격려하라. 잘 못할지도 모른다는 이유만으로 어떤 일을 피하지 말라고 가르치는 것이다. 하지만 잘해야 한다고, 남들보다 잘하라고 윽박질러서는 절대로 안 된다. 대신 중요하다고 생각하는 활동에 대해서는 자긍심과 자부심, 기쁨을 느낄 수 있도록 가르쳐야 한다.

어릴 때는 실수를 자기 가치와 동일시하는 바람직하지 못한 메시지를 쉽게 받아들인다. 그 결과 두각을 나타내지 못하는 활동은 아예 기피하게 된다. 그보다 더 위험한 것은 자기 비하, 다른 사람들의 눈치를 살피는 태도, 자책감, 그리고 자기 부정에 수반되는 모든 오류지대 행위에 맛을 들일 수 있다는 것이다.

자신의 가치가 일의 성공 여하에 따라 결정된다고 생각하는 사람은 결국 자신이 아무 짝에도 쓸모없는 존재라고 느끼게 되어 있다. 에디슨을 생각해보라. 그가 첫 번째 실험에 실패한 후 그 실패를 가지고 자신의 가치를 저울질했더라면 자신을 실패자라고 단언한 채 세상을 밝게 하는 일을 포기해버렸을 것이다. 실패가 때로는 교훈이 될 수 있다. 다시 말해 실패에서 자극을 받아 노력과 탐색을 할 수 있는 것이다. 실패가 새로운 발견에 이르는 길을 제시해주고 있다면 그 실패는 성공이라고까지 말할 수 있다. 유명한 정치학자 케네스 보울딩Kenneth Boulding은 이렇게 표현했다.

나는 최근 민간 금언집의 편집 작업에 참여했다. 내가 편집한 격언 가운데에는 "성공만큼 실패하는 것도 없다"라는 말이 있었다. 우리가 교훈을 얻을 수 있는 유일한 것은 실패다. 성공은 우리의 미지에 대한 두려움을 더욱 다지게 해줄 뿐이다.

생각해보라. 실패가 없으면 아무것도 배울 수 없다. 그러나 우리는 성공을 유일하게 흡족한 기준으로 애지중지하도록 배워왔다. 우리는 실패할지도 모르는 일이면 어느 것이든 피하려 든다. 미지의 것에 대한 두려움 가운데 상당 부분은 실패에 대한 걱정이다. 성공이 보장되지 않는 듯싶은 분위기가 조금이라도 풍기면 무엇이건 피하고 보는 것이다. 실패에 대한 두려움이란 미지의 것에 대해, 그리고 최선을 다하지 않을 때의 곱지 않은 시선 모두에 겁을 집어먹는 것이다.

늘 다니던 길로만 다니는가

우리는 앞서 미지에 대한 두려움이 무엇을 낳는지 그 전형적인 경우들을 살펴봤다. 새로운 경험 기피, 편견, 계획의 노예 되기, 외적 안전 추구, 실패에 대한 두려움, 완벽주의, 모두 자신을 한계 짓는 광활한 오류지대의 항목들이다. 그중 가장 보편적이고 구체적인 증상을 소개한다. 혹시 나도 미지의 것을 두려워하는 사람은 아닌지 아래의 체크 리스트를 통해 진단해보자.

- 평생 똑같은 종류의 음식을 먹는다.
- 언제나 똑같은 스타일의 옷을 입는다.
- 한결같은 논조의 신문이나 잡지만 보며 자신과 상반되는 견해를 절대 받아들이지 않는다.
- 평생 제목만 다를 뿐 '그 나물에 그 밥'인 영화들만 본다.
- 살고 있는 지역, 도시, 국가에서 떠나지 않는다.
- 자신의 생각과 다른 의견에는 귀를 기울이지 않는다.
- 학교나 직장에서 성취 강박관념을 갖고 있다.
- 사회 소외계층으로 묶여지는 사람들을 기피한다.
- 싫어도 늘 하던 일만 계속한다.
- 잘 굴러가지 않는 것이 분명한 결혼생활을 계속한다.
- 매년 같은 계절에 같은 장소, 같은 호텔에서 휴가를 보낸다.
- 패할 가능성이 있거나 잘 못하는 일은 기피한다.

- 번듯한 명함, 고급 자동차, 명품 옷 등 사회적 지위를 나타내는 상징들을 얻기 위해 애쓴다.
- 마음이 기우는 대안이 나와도 계획을 변경할 수 없다.
- 시간에 집착하며 1분이 멀다 하고 시계를 쳐다본다.
- 성관계에 상상력을 동원하지 않는다. 언제나 똑같은 체위에 똑같은 성행위를 한다.
- 똑같은 사람들과 정기적으로 만나고 그들과 평생 어울린다.
- 배우자나 애인 동반 모임 참석 시 줄곧 그 사람 옆에 붙어 있는다.
- 처음 보는 사람들과 익숙하지 않은 주제에 대해 이야기 나누기를 주저한다.
- 온갖 노력을 했는데도 성공하지 못했을 때 자신을 책망한다.

이는 몇 가지 예에 불과하다. 각자 자신만의 목록을 만들어볼 수도 있다. 그러나 목록을 만들기보다는, 대체 나는 무엇 때문에 날이면 날마다 성장 가능성이 전혀 없는 똑같은 어제를 살아가고 싶은 것인지 자문해보는 게 어떨까?

익숙한 길에서 경로를 벗어나다

달콤한 미지의 세계에서 서성대지 못하게 가로막는 가장 흔한 보상은 이런 것들이다.

- 현상유지를 하면 절대 스스로 생각할 필요가 없다. 현재 살아가고 있는 삶의 계획표가 제법 괜찮아 보인다 싶으면 기지를 발휘하기보다 정해진 일정대로 따르기만 하면 된다.

- 미지의 것을 기피하는 것 안에는 보상 시스템이 들어 있다. 불확실한 것을 겁내는 사람들은 익숙한 것에만 머물러 있는 한 그런 두려움을 느끼지 않아도 된다. 성장과 성취 측면에서 얼마나 손실이 클지는 또 다른 문제다. 미지의 세계는 피하는 것이 훨씬 안전하다. 콜럼버스를 생각해보라. 모두가 그에게 낭떠러지로 떨어질 거라고 경고했지 않은가. 모든 것을 거는 탐험가보다 차라리 익숙한 곳을 밟고 다니는 다수 중 하나가 되는 게 훨씬 속 편하다. 미지의 것은 도전이며, 도전은 위협이 될 수 있기 때문이다.

- '성숙'한 사람답게 만족을 뒤로 미루고 있다고 말한다. 이는 익숙한 것을 유지하는 자신을 정당화하기 위한 방법이다. 미루는 것은 '성숙'하고 '어른스러운' 행동이라는 것. 그러나 사실은 당황이나 불안에서 벗어날 수 있기 때문에 미루는 것이다.

- '바른 생활' 행동을 한 다음 스스로를 대견하게 여긴다. 지금껏 당신은 착한 아들, 착한 딸이었다. 성공이냐 실패냐를 기준으로 착한 행동을 판단하면 자신의 가치는 그런 착한 행동과 일치하는 것이기에 기분이 우쭐해질 수 있다. 그러나 여기에서 '착하다'는 것은 오로지 다른 사람의 평가일 뿐이다.

다음은 이러한 전당화에서 벗어나 신비로운 것과 미지의 것에 맞붙기 위해 필요한 전략들이다.

- 익숙한 것에 머물고 싶은 마음이 들더라도 새로운 것을 선택할 것. 레스토랑에 가면 한번도 먹어본 적 없는 요리를 주문하라. 그 이유는? 색다르고 맛있을지도 모르니까.
- 여러 부류의 사람들을 집으로 초대할 것. 속내를 훤히 알 수 있는 늘 몰려다니는 패거리들 말고 모르는 사람들과도 어울려라.
- 하는 일 모두에 이유가 있어야 한다는 생각을 접을 것. 누군가가 이유를 묻더라도 그들을 만족시킬 합리적인 대답을 찾을 필요가 없다는 사실을 기억하라. 원한다면 마음먹은 대로 행동할 수 있는 법이다.
- 약간 모험을 해 일상의 틀에서 탈출해볼 것. 예약도 하지 말고 지도도 없이 무작정 여행을 떠나는 것은 어떨까? 무슨 일이 닥치더라도 믿을 사람은 자신밖에 없는 곳으로 가는 것이다. 새로운 일자리를 얻기 위해 면접을 보거나, 망신살이 뻗칠까 불안한 마음에 지금껏 피해 다녔던 사람들과도 함께 이야기를 나눠보라. 새로운 길로 출근하거나 한밤중에 저녁식사를 해보라. 그 이유는? 그냥 색다르니까. 또 그렇게 하고 싶으니까.
- 원하는 것은 무엇이든 가질 수 있다는 공상을 즐길 것. 거리낄 것 하나 없이 2주 정도는 하고 싶은 것을 할 수 있는 돈이 있다고 상상하라. 현실 궤도를 살짝 벗어난 공상 속의 행동이 사실은 현실 속에서도 아주 불가능한 일이 아니라는 걸 알게 될 것이다. 그리고 자신이

원하는 것은 달도 별도 아니라는 것을, 두려움을 걷어내고 원하면 얻을 수 있음을 알게 될 것이다.

- "나는 잘 못 해"라고 말하면서 항상 회피해온 어떤 일을 시도해볼 것. 오후 한나절 기를 써서 그린 그림이 끝내주는 수작이 아니더라도 그 오후를 망친 것이 아니라 즐거운 한나절을 보낸 것이다.

- 성장의 반의어는 단조로움과 죽음이라는 사실을 명심할 것. 날마다 즉흥적이며 생기 있게 새로운 방식으로 살겠다고 결심할 것인가, 아니면 미지의 것을 두려워하고 현상유지만 고집할 것인가. 마음은 죽어 있는 상태로 말이다.

- 내가 미지의 것을 두려워하는 데 가장 큰 원인을 제공하는 사람들과 이야기를 나눠볼 것. 새로운 일을 해볼 작정이라고 다부지게 말하고 상대방의 반응을 살펴보라. 내가 늘 걱정했던 것이 그들의 못 미더워하는 태도였음을, 그리고 그런 못마땅한 표정을 보느니 차라리 무기력을 택하고 있었음을 깨달을 것이다. 이제 그런 표정을 아무렇지도 않게 마주할 수 있을 테니 그들의 통제는 받지 않겠다고 '독립'을 선언하라.

- "최선을 다하라" 대신 "나에게 중요한 것을 선택하고 열심히 해보라. 하고 싶은 것은 그냥 하라"를 나와 자녀를 위한 신조로 삼는다. 최선을 다하지 않으면 좀 어떤가! 사실 그 모든 "최선을 다하라" 증후군은 잘못된 통념이다. 우리는 결코 절대적으로 최선을 다할 수는 없다. 누구든 마찬가지다. 완벽함은 인간의 특질이 아니기에. 우리는 항상 개선의 여지가 있게 마련이다.

- 기억하라. 인간과 관련된 것치고 그 어떤 것도 나에게 이질적이지 않다는 것을. 원하는 것은 무엇이든 할 수 있다는 것을. 이것을 마음속에 새기고 특유의 안전한 기피 행위로 빠져들려고 할 때 기억해내라.

- 미지의 것을 기피하려고 할 때 '내가 지금 또 이러는구나' 하고 자각하는 것이 중요하다. 그 순간 자신에게 "내가 어디로 향하고 있는지 알지 못하는 순간이 있는 것도 썩 괜찮은 일이야"라고 말하라. 일상을 깨닫는 것은 일상을 변화시키는 방향으로 한 걸음 내딛는 일이다.

- 어떤 일에 고의적으로 실패해볼 것. 테니스 게임에 졌다고, 그림을 못 그렸다고 내가 진정 별 볼 일 없는 사람일까? 아니면 '즐거운' 활동을 즐겼을 뿐인 꽤 괜찮은 사람일까?

- 기피해왔던 사람들과 대화를 나눠볼 것. 누군가를 섣불리 판단하면 그들을 솔직하게 대할 수 없다. 내 생각이 이미 고착됐기 때문이다. 나와는 다른 부류의 사람을 만날수록 이제껏 얼마나 많은 것을 놓쳤는지, 내 두려움이 얼마나 어리석었는지 알게 된다.

미지의 것을 두려워하지 말라

미지에 대한 두려움에 맞서기 위한 좋은 방법들을 앞에서 제시했다. 이 모든 과정은 자신의 기피 행위에 대한 새로운 통찰에서 출발한다. 그런 다음 구태의연한 행동에 적극적으로 도전해보고 새로운 방향으로 나아가보자. 위대한 발명가나 탐험가가 미지의 것을 두려워했을까? 미지의 세계는 성장이 살고 있는 곳이다. 문명과 사람 모두를 위한 곳이다.

두 갈래로 나뉜 길을 떠올려보라. 한쪽 길에는 안전이 있고 다른 한쪽 길에는 개척되지 않은 멋진 미지의 세계가 있다. 어떤 길을 택할 것인가?

미국의 시인 로버트 프로스트Robert Lee Frost는 「가지 않은 길The Road Not Taken」에서 그 문제에 이렇게 답했다.

숲 속에 두 갈래 길이 있었다고
나는 사람이 적게 간 길을 택하였다고
그리고 그것 때문에 모든 것이 달라졌다고

선택은 나의 몫이다. 미지에 대한 두려움이라는 오류지대는 언제든 새롭고 가슴 설레는 활동에 자리를 내줄 준비가 되어 있다. 내가 어디로 가고 있는지 알 필요는 없다. 일단 길에 들어섰다면.

여섯 번째 마음가짐
모든 선택의 기준은 나다

모든 경우에 보편적으로 적용될 수 있는
규칙이나 법, 전통은 없다.
이 책 역시 마찬가지다.

이 세상은 눈길 닿는 곳마다 '의무' 천지다. 사람들은 무턱대고 이런 저런 의무를 자신의 행동에 적용시킨다. 그런 의무들이 한데 모여 광활한 오류지대를 형성하고 있다. 우리들은 동의한 적 없는 일련의 규칙과 원칙에 끌려 다니고 있다. 자신에게 유리한 것과 불리한 것을 제대로 분별하지도 못하고 있는 것이다.

절대적인 것은 없다. 늘 이치에 들어맞고 모든 경우에 최고의 선을 실현하는 법이나 규칙 따위는 없다. 그보다는 융통성이 훨씬 높이 살 만한 덕목이다. 그러나 법을 어기거나 전통을 깨뜨리는 것은 사실 불가능할 것이다. 그것이 아무리 도움이 안 되는 법이라 해도, 그것이 아무리 구태의연한 전통이라 해도. 사회에 순응하는 일, 다시 말해 문화에 동화되는 것이 때로는 살아가는 데 도움이 될 수 있다. 그러나 정도가 지나치게 의무에 끌려 다니는 것은, 특히 그 결과 속상하거나 실망하거나 마음이 조마조마해지는 경우에는 우리에게 노이로제가 될 수 있다.

그렇다고 법을 무시하거나 스스로 온당하다고 생각되면 규칙을 어겨도 된다고 말하는 것은 아니다. 법은 없어서는 안 되며 질서는 문명사회를 구성하는 중요한 요소다. 그러나 관습에 맹목적으로 매달리는 것은 완전히 별개의 문제다. 사실 그것은 규칙을 어기는 것보다 더 큰 해독을 끼친다. 불합리한 규칙이나 이제 더 이상 아무런 의미도 없게 되어버린 전통도 적지 않다. 준수해야 할 규칙이 이치에 닿지 않는 경우 사람들은 효율적으로 살아갈 수 없다. 바로 그때가 규칙과 자신의 행위를 다시 점검해봐야 할 때다.

미국의 16대 대통령 에이브러햄 링컨Abraham Lincoln은 말했다.

"나는 언제 어디서나 적용될 수 있는 정책을 수립해본 적이 단 한 번도 없다. 항상 그 시점에서 가장 합리적인 정책을 실행하려고 노력했을 따름이다."

그는 사례마다 적용할 수 있는 만능열쇠 같은 정책 하나만을 맹목적으로 추구하지 않았다. 그 의도가 아무리 좋다 해도 말이다.

의무가 득이 되지 않는 경우는 건전하고 효과적인 행동을 방해할 때다. 의무라서 어쩔 수 없이 해야 하는 일이 성가시거나 쓸데없다고 느껴지는가? 그렇다면 우리는 선택의 자유를 포기하고 외부 힘의 통제를 받고 있는 것이다. 내 삶을 흐트러뜨리는 잘못된 의무들을 살펴보기 전에 내부에서 통제하는 힘과 외부에서 통제하는 힘을 자세히 살펴보자.

내부 지향적인 사람 vs. 외부 지향적인 사람

현대사회에서는 인성 편향이 자신의 내부가 아니라 외부로 더 기울어진 사람이 전체의 75%에 달한다. 바꿔 말하면 당신도 외적 범주에 드는 사람일 가능성이 크다는 의미다.

자신을 통제하는 중심이 외부에 있다는 것은 어떤 의미일까? 본디 외부 지향적인 사람이란 현재의 기분에 대한 책임을 자기 외부의 사람이나 상황에 묻는 사람이다.

가령 "왜 기분이 나쁜가?"라는 질문에 "부모님이 나를 구박해" "그녀 때문에 속상해" "내 친구들이 날 좋아하지 않아" "재수가 없어" "되는 일이 없어"라고 대답한다면 그 사람은 외적 범주에 드는 사람이다. 반대로 "왜 그토록 기분이 좋은가?"라는 물음에도 "내 친구들이 내게 잘해줘서" "운이 트여서" "아무도 날 귀찮게 하지 않아서" "그녀가 내 마음을 잘 알아줘서"라고 대답하는 사람 역시 외적 구도 안에 드는 사람이다. 자신의 감정에 대한 책임을 자기 외부의 사람이나 상황에 묻고 있기 때문이다.

자기 마음의 심지를 내부에 두는 사람은 감정에 대한 책임을 자신의 어깨 위에 당당히 올려놓는다. 그러나 요즘 세상에서 그런 사람은 찾아보기 힘들다. 그런 사람은 앞서 말한 것과 똑같은 질문을 받을 경우 내부 지향적인 답을 한다. "내가 잘못 생각했어" 또는 "내가 다른 사람 말에 너무 신경을 썼어" "난 다른 사람의 생각에 전전긍긍하는 경향이 있어" "내가 지금 너무 약해져 있나 봐. 기분이 안 좋아" "난 어쩜 이리도 비참한 감정을 잘 추스르지 못하는 걸까?" 하는 식이다.

마찬가지로 내적으로 정돈된 사람은 기분이 좋을 때에도 '나'를 말하는 주체로 사용한다. "난 기분이 좋아지도록 애썼어" "스스로 열심히 노력했어" "내 생각이 옳아" "나에 대한 책임은 내게 있어. 난 그러기로 마음먹었는걸"이라고 답한다.

이렇듯 자신의 감정에 대한 책임을 자기 자신에게 묻는 사람이 25%, 외부 탓으로 돌리는 사람이 75% 정도다.

의무와 전통은 대부분 외부 세력, 즉 외부의 사람이나 상황이 부과하는 것이다. 의무라는 무거운 짐에 눌린 채 다른 사람들이 규정한 관습을 깨뜨릴 수 없다면 그 사람은 외부의 자루 속에 완전히 들어가 앉아 있는 것이다.

운명론자, 결정론자 또는 재수 운운하는 사람들은 외부 지향적인 사람들이다. 인생은 미리 설계되어 있어서 정해진 길을 따라가기만 하면 된다고 믿는 사람들, 그들은 그 길에서 한 치도 벗어나지 못하게 하는 갖가지 의무들을 짊어지고 평생 낑낑댄다.

나를 외부의 힘에 내맡기는 사람은 결코 자기실현을 구할 수 없다. 제대로 잘 살아가는 사람이란, 인생의 문제란 문제는 모두 제거하는 사람을 말하는 게 아니다. 자기 마음의 심지를 자신의 외부에서 내부로 돌릴 줄 아는 사람이다. 그리고 기분이 좋건 좋지 않건, 그 기분에 대한 책임을 스스로 떠맡는 사람이다.

우리는 다른 사람들이 정한 터무니없는 규칙이나 규정이 얼기설기 얽혀 있는 미로 속을 기계적으로 돌아다니고 있는 로봇이 아니다. '규칙'이라는 것에 대해서 좀 더 냉정하게 다시 살필 줄 아는 것, 자신의 생각이나 감정이나 행위에 대해 내부 통제력을 발휘하는 것은 누구에게나 가능한 일이다.

비난과 영웅화의 양극단에 빠지다

비난은 어떤 일에 대한 책임을 떠안고 싶지 않을 때 요긴하게 꺼내 쓸 수 있는 꽤 괜찮은 방법이다. 뿐만 아니라 그것은 외부 지향적인 사람들에게 피난처의 역할도 해준다.

모든 비난은 시간 낭비다. 다른 사람의 흠을 잡고 비난해도 자신은 하나도 변하지 않는다. 자신의 불행이나 좌절을 눈가림하기 위해 그 원인을 외부에서 찾으면서 자신에게 쏠린 시선을 다른 곳으로 돌리게 하는 것이 고작이다.

비난이라는 것 자체가 어리석은 행동이다. 가끔 효과가 있을지는 몰라도 그 효과가 자신에게 나타나지는 않는다. 상대방으로 하여금 자책감이 들게 할 수는 있지만 그걸로 자신이 불행한 원인을 바꿀 수는 없다. 자신의 불행을 곱씹어 생각하는 일은 그만둘 수 있을지는 몰라도 그 원인을 바꾸는 것은 불가능하다.

다른 사람들에게 지나치게 신경을 쓰다 보면 비난 아니면 영웅 숭배라는 양극단의 행동에 빠지게 된다. 영웅 숭배란 다른 사람의 눈을 통해 자신의 가치를 정하는 것이다. 아무개가 이렇게 행동하면 나도 그렇게 해야 한다는 식으로, 영웅 숭배는 일종의 자기 부정이다.

영웅 숭배는 다른 사람들을 자신보다 중요하게 생각하고 자기실현을 자신의 외부 세계와 결부시킨다. 다른 사람들 또는 그들이 이룬 행적의 가치를 인정하는 것 자체에는 자멸적인 요소가 없다. 그러나 자신의 행위를 지나치리만큼 다른 사람의 기준에 맞추려 하면 자기실현에 방해가 되는 오류지대로 들어가게 된다.

당신의 영웅도 모두 보통 사람이다. 그들도 모두 인간이다. 날마다 하는 일도 당신과 똑같다. 가려우면 긁고 아침에 일어나면 입 냄새를 풍긴다. 누군가를 영웅 시하는 것은 모두 쓸데없는 노력이다.

영웅 시한 사람들이 당신에게 가르쳐주는 것은 하나도 없다. 그리고 어느 모로 보나 당신보다 나을 것도 없다. 정치인, 배우, 운동선수, 가수, 상사, 치료사, 교사, 배우자 등은 모두 자신이 하고 있는 일에 능숙할 따름이지 그 이상도 그 이하도 아니다. 그런데도 그들을 영웅으로 만들고 자기보다 높은 위치로 승격시킨다. 이것은 내가 기분 좋은 것도 다른 사람 때문이라고 생각하게 만드는 이상한 주머니를 몸 밖에 차고 있는 것과 같다.

한편으로는 다른 사람을 비난하고 또 다른 한편으로는 숭배하고 있다면, 목이 길어져라 다른 사람들만 쳐다보는 '바보 나라'에 살고 있는 것이다.

자신의 감정이나 의무에 대한 원인을 외부에서 찾는 것은 어리석기 짝이 없는 행동이다. 스스로에게 책임을 묻고 스스로의 공을 인정하는 것이야말로 그런 오류지대를 없애는 첫걸음이다. 영웅은 자기 자신이다. 비난이나 영웅 숭배 행위에서 벗어나면 나의 중심이 외부에서 내부로 옮겨진다.

흑백논리의 덫

지금 설명하려고 하는 옳고 그름의 문제는 종교적, 철학적, 도덕적인 옳고 그름과는 아무런 관계가 없다. 여기에서는 다른 영역, 다시 말해 나와 옳고 그름에 대한 내 생각이 나의 행복에 어떤 방식으로 어떤 방해를 하는가를 살핀다. 어쩌면 옳은 것은 선이나 공정함을, 그른 것은 악이나 부정함을 의미한다는 생각을 갖고 있을지도 모르겠다. 그러나 그것은 얼토당토않은 생각이다. 그런 의미의 옳고 그름은 애초에 아예 존재하지 않는다. 옳다는 말에는 어떤 방식으로 일을 하면 반드시 성공하리라는 보장이 암시되어 있다. 그러나 어떤 경우든 보장이란 있을 수 없다.

　어떤 결정을 내릴 때 그 결정이 무언가 다른 결과 또는 더한층 효과적이거나 합법적인 결과를 가져올 수 있을 것인가에 대해서는 생각해봄직하다. 하지만 그것이 옳고 그름의 문제가 되는 순간 '나는 항상 옳게 행동해야 하며 사람이나 상황이 올바르지 않으면 나는 불행해질 것'이라는 함정에 빠진다.

　올바른 대답을 찾아야 한다는 생각은 6장에서 살펴본 미지의 세계를 피하고 확실성을 구하는 태도와 관련이 있다. 그것은 흑과 백, 네와 아니오, 선과 악, 옳음과 그름 등 이 세상을 양 극단으로 딱 잘라 나누려고 하는 이분법적 성향이 될 수도 있다. 그러나 실제로 그런 분류에 꼭 들어맞는 것은 거의 없으며, 대다수 지식인들이 회색지대에서 서성댈 뿐 흑이나 백 어느 하나에 안주하는 일은 좀처럼 없다.

　옳음과 그름을 가르는 성향은 결혼생활 등 성인 관계에서 가장 확연히 드러난다. 대화를 나누다가도 말싸움으로 번져 결국 어느 한쪽이 옳고 다른 한쪽이 그르다는 결론으로 귀결된다. "당신은 언제나 자기가 옳다고 생각하지?"라든가 "당신은 자기가 잘못됐다는 것은 절대로 인정 안 해"는 단골 메뉴. 그러나 사실 옳은 쪽도 그른 쪽도 없다. 애초에 모든 사람들은 제각기 다르며 상황을 바라보는 각도도 다르다. 어떻게든 한 사람이 옳아야 한다면 어떻게 대화라는 걸 나눌 수 있겠는가. 이런 덫에서 빠져나올 수 있는 유일한 길은 옳고 그름을 구분 짓는 그런 잘못된 사고방식을 없애는 것이다.

　클리포드라는 환자가 있었다. 그는 날마다 사사건건 부인과 아옹다

웅하는 결혼생활을 하고 있었다. 나는 그에게 "부인의 생각이 얼마나 잘못된 것인지 납득시키려 들지 말고 의당 어떠어떠해야 한다는 생각을 접으십시오. 그리고 서로 대화를 나누는 게 어떻습니까? 부인이 당신과 다른 사람이라는 것을 인정하기만 하면 끈덕지게 옳고 그름만 따지다가 결국 기운 빠지고 마는 그런 끝도 없는 주장을 하지 않아도 될 겁니다"라고 말했다. 그는 후에 그런 노이로제적인 집착을 내던질 수 있었고 대화와 사랑을 회복할 수 있었다.

'옳다' '그르다' 등의 표현은 하나같이 이런저런 의무를 전제로 한다. 그리고 그런 의무들은 우리의 앞길에 방해가 된다. 특히 다른 사람이 내세우고 있는 의무와 상치될 경우에는 더더욱 그렇다.

올바른 선택이란 없다

결정을 내리는 일이 버거운가? 지극히 사소한 일에서조차 말이다. 이것은 옳고 그름의 이분법적 성향이 낳은 직접적인 부산물이다.

우유부단은 옳고 싶다는 바람에서 비롯된다. 결정을 뒤로 미루면 틀렸다고 생각될 때마다 느끼는 불안에 대처할 필요가 없어진다. 결정을 내릴 때 일단 옳고 그름의 기준을 내던지면 훨씬 쉽고 명쾌해진다.

어떤 대학을 지원해야 할지를 놓고 도무지 결정을 내리지 못한 채 어쩔 줄 몰라 했던 경험이 있는가? 결정을 내린 후에도 마찬가지다. 어쩌면 그 결정이 틀린 것이 아닐까 생각하게 된다. 자, 이제부터는 그 결정 과정을 이렇게 바꾸자.

"틀림없는 대학 같은 것은 없어. A대학을 택하면 이런 결과가 있을 테고 B대학을 택하면 저런 결과가 있을 뿐이야."

옳은 선택이란 없다. 다른 선택만 있을 뿐이다. 그리고 A대학을 선택하든 B대학, Z대학을 선택하든 보장이란 있을 수 없다. 어떤 결정에서 일어날 수 있는 결과를 옳고 그름, 선악, 심지어는 우열로 판단하지 않는다면 우유부단이라는 노이로제에서 벗어날 수 있다. 그저 다를 뿐이다. 마음에 들어 산 옷을 입은 모습은 다른 옷을 입었을 때와 그저 다를 뿐이다.

정확하지도 않을뿐더러 자신을 망가뜨리기까지 하는 옳고 그름의 이분법을 집어치우면 결정을 내리는 일이 간단해진다. 지금 어떤 결과를 더 선호하는지를 택하는 단순한 문제가 되는 것이다.

그리고 이미 내린 결정에 대해 후회하기 시작하면 다음 기회에 다른 결정을 내릴 생각에만 매여 지내게 된다. 후회는 시간 낭비다. 과거에서 계속 살게 되는 것이니까. 아마도 그 다른 결정이란 앞서 내린 결정이 가져다주지 못했던 결과를 안겨줄 그런 결정일 것이다. 어떤 경우에도 옳고 그름을 가르는 일에 빠져들지는 말라.

어떤 것도 다른 것보다 '더' 중요하지 않다. 조개껍데기를 수집하는 아이는 중대한 결정을 내리는 제너럴모터스의 사장보다 더 옳은 일을 하는 것도, 더 그른 일을 하는 것도 아니다. 그 둘은 서로 다를 뿐이다. 단지 그뿐이다!

그릇된 생각은 나쁘니까 말로 표현되어서는 안 되며 올바른 생각은 권할 만한 것이라 생각하는가? 자녀나 친구들, 배우자에게 "옳은 일이 아니면 말하거나 행할 가치가 없다"고 말하는가? 여기에는 위험이 도사리고 있다. 그런 권위주의적인 태도가 전국적, 세계적 규모로 확대된다면 결국 독재로 이어진다.

옳다는 것은 누가 결정하는 것인가? 이것은 결코 만족스러운 답을 구할 수 없는 질문이다. 법은 옳고 그름을 가리지 않는다. 합법적인지의 여부를 가릴 뿐이다. 지금으로부터 100년도 훨씬 이전에 영국의 경제학자이자 철학자 존 스튜어트 밀John Stuart Mill은 『자유론On Liberty』에서 이렇게 적었다.

우리가 억압하려고 애쓰는 의견이 잘못된 의견이라고 결코 확신할 수 없다. 설령 확신한다 해도 그 의견을 억누르려는 것 역시 잘못된 행동이다.

자신이 얼마나 효과 있게 살아가느냐는 옳은 선택을 내리는 능력으로 가늠되지 않는다. 어떻게 살아가기로 했든, 어떻게 감정을 다스리느냐가 현재 자신이 얼마나 짜임새 있게 살고 있는가를 알 수 있는 훨씬 좋은 척도다. 올바른 선택은 마음 한구석에서는 절대 따르고 싶지 않은 의무인 경우가 많기 때문이다.

이 새로운 사고방식은 두 가지 이점이 있다. 첫째, 그런 무분별한 의무를 버리고 좀 더 자신의 내면으로 눈을 돌릴 수 있게 한다. 둘째, 옳고 그름이라는 잘못된 범주가 없어지면 결정을 내리는 일이 예전보다 한층 수월해진다.

의무감에 끌려 다니는가

의무를 끌어안고 사는 경향을 미국의 심리학자 앨버트 엘리스Albert Ellis는 이런 말을 만들어 표현했다. '머스터베이션musterbation'. 반드시 해야 한다는 강박관념을 마스터베이션masterbation에 비유한 말이다.

하고 싶은 행동은 따로 있지만, 의무를 느끼는 대로 행동하지 않고서는 못 배긴다면 그때마다 '머스터베이션'을 하고 있는 셈이다.

영국 태생의 미국의 정신과 의사 카렌 호나이Karen Horney는 『노이로제와 인간의 성장Neurosis and Human Growth』이라는 책에서 이 주제에 한 장전체를 할애했다. 그녀는 「의무가 자행하고 있는 전횡」이라는 소제목 아래 이렇게 지적했다.

의무는 언제나 압박감을 자아낸다. 의무를 행동으로 실행하려 들수록 그 압박감은 더욱 커진다. (…) 더군다나 의무는 늘 외부 지향적인 속성이 있어서 여러 측면에서 인간관계를 교란시키는 데 기여한다.

삶의 대부분이 의무에 끌려 다니고 있지는 않은가 돌아보자. 동료에게 친절해야 한다고, 배우자에게 힘이 되어줘야 한다고, 자녀에게 보탬이 돼야 한다고, 항상 열심히 일해야 한다고 생각하고 있지는 않은가? 그리고 그런 의무 가운데 하나라도 지키지 못하면 여지없이 스스로를 책망하고 캐런 호니가 말한 '압박감'과 '혼란'을 떠안고 있는 것은 아닌가? 어쩌면 그런 의무들은 당신 차지가 아닐지도 모른다. 그런 의무들이 실은 다른 사람의 것이며, 당신은 단지 빌려왔을 뿐이라면 당신은 '머스터베이션'을 하고 있는 꼴이다.

해야 할 일 못지않게 하지 말아야 할 일도 많다. 예컨대 무례하게 행동해서는 안 된다. 화를 내서도, 어리석어서도, 바보 같아서도, 유치하게 굴어서도, 음탕해서도, 침울해서도, 공격적이어서도 안 된다.

그러나 그럴 때마다 '머스터베이션'을 할 필요는 없다. 절대로. 덜렁대거나 이해력이 부족하면 좀 어떤가. 원한다면 채신머리없어도 괜찮다. 아무도 나에게 점수를 매기고 있지 않다. 다른 사람이 하라는 대로 하지 않아도 나를 벌 줄 사람은 아무도 없다.

어떻게 '저렇게는 되고 싶지 않다'고 생각하는 그런 사람이 될 수 있겠는가. 그것은 불가능한 일이다. 애초부터 어긋난 기대치를 만족시킬 수는 없는 노릇이기에 의무는 어떤 것이든 압박감을 자아내도록 되어 있다. 그런 압박감은 품위 없고 비협조적이며 신중하지 못한 행동들에서 비롯된 것이 아니다. 의무라는 강요로부터 생겨난 것이다.

사회에서 정한 맹목적인 의무들

에티켓은 쓸모없고 바람직하지 못한 사회화의 절묘한 예다. 에티켓의 바이블이라 불리는 『에티켓 기본서』의 저자 에밀리 포스트Emily Post, 에티켓 저술가 에이미 밴더빌트Amy Vanderbilt, 인생 상담 칼럼니스트 애비게일 밴 뷰런Abigail van Buren의 책에 적혀 있다는 이유로 사람들이 지켜야 하는 그 자잘하고 무의미한 규칙들을 떠올려보라. 통옥수수는 이렇게 먹어라, 아버지가 먼저 수저를 든 후에 먹어라, 소개할 때에는 먼저 남자를 여자에게 소개하라, 교회 결혼식에서는 어느 쪽에 앉아라, 팁은 어느 정도가 적당하다, 저 옷을 입어라, 이런 말씨를 써라, 그리고 스스로 해결하려 하지 말고 책을 찾아봐라….

좋은 에티켓에는 다른 사람에 대한 배려가 들어 있음이 틀림없지만 그중 90% 정도는 일회성의 임시적이며 의미 없는 규칙들이다. 올바르다고 정해져 있는 방식 같은 것은 없다. 오직 내 결정이 나에게 온당하다. 그 결정 때문에 다른 사람들과 더불어 살기 어려울 정도가 아니라면 말이다.

사람들을 어떻게 소개하든 그건 내 마음대로다. 팁을 어떻게 주든, 무얼 입든, 어떤 식으로 말하든, 어디에 앉든, 어떻게 먹든 철저하게 내 마음 가는 대로 하면 되는 것이다.

'뭘 입어야 하지?' 또는 '어떻게 행동해야 하지?'의 덫에 빠질 때마다 우리는 자신의 많은 부분을 포기하는 것이다. 사회에 대해 반항심을 길러야 한다고 주장하려는 것이 아니다. 반사회적 행위는 관습에 복종하지 않으면서 남의 관심을 끌기 위한 행동일 수도 있다. 하루하루를 다른 사람이 아닌 자기 자신이 주도하는 삶으로 꾸려나가라고 호소하고 있는 것이다. 자기에게 충실하게 되면 외부에 지원을 요청

할 필요가 없다.

역사에 기록된 가장 비열한 행동들을 생각해보자. 그 가운데는 그저 명령에 따랐을 뿐이라는 허울 아래 자행된 것들이 있다. 나치가 600만 명의 유대인을 비롯한 많은 사람들을 학살한 것도 '법'이라는 명분하에 이루어졌다. 전쟁이 끝나고 나서 그 야만 행위에 대한 책임은 나치 권력 상층부로 거슬러 올라갔다. 결국 그 끔찍한 범죄에 대해 책임을 물을 수 있는 사람은 독일 전역을 통틀어 히틀러와 그의 심복 몇 명밖에 없었다. 다른 사람들은 모두 명령과 제3제국의 법을 따랐을 뿐이었다.

일례로 뉴욕 서퍽 주의 한 대변인은 과다 징수된 부동산세를 환급해 줄 수 없는 이유를 이렇게 설명했다.

"기납부된 세금은 재산정할 수 없다고 법은 명시하고 있습니다. 법이니 저도 어쩔 도리가 없습니다. 제 임무는 법의 집행이지 해석이 아닙니다."

사실 그도 다른 시점과 다른 상황이었더라면 훌륭한 법 집행자였을 것이다. 우리는 이런 식의 몸 사리기를 익히 알고 있다. 귀에 딱지가 앉을 만큼 매일 지겹도록 듣고 있다. 생각하지 말라, 규칙이니 그냥 지켜라, 아무리 터무니없더라도.

규칙에 대한 이런 맹목적인 준수의 가장 대표적인 예는 군대에서 찾아볼 수 있다. 그야말로 어리석기 짝이 없다.

한 동료가 그런 복종심리의 훌륭한 예를 든 적이 있다. 그가 남태평양 괌에서 군복무를 하고 있을 때였다. 그는 어느 모로 보나 불합리한

게 분명한 규칙을 사병들이 기꺼이 준수하는 것을 보고 그는 깜짝 놀랐다.

장교들은 차양이 있는 빨간색 벤치에 앉아 옥외 영화를 즐기도록 허용되었는데 장교들이 하나도 모습을 보이지 않는 야간 상영 시간에는 그 빨간 벤치에 아무도 얼씬거리지 못하도록 사병들이 보초를 서고 있었다. 그러니까 날마다 저녁이면 해병 사병들이 비를 주룩주룩 맞고 앉아 텅 빈 빨간 벤치 구역을 교대로 보초 서는 광경이 연출되는 것이다. 규칙이 준수되고 있다는 것을 확실히 하기 위해서란다. 내 동료가 한 사병에게 왜 그런 터무니없는 정책이 계속 유지되고 있느냐고 묻자 그는 "규칙을 만든 사람은 제가 아닙니다. 저는 실행할 뿐입니다"라는 대답을 할 뿐이었다.

독일의 소설가이자 시인 헤르만 헤세Hermann Hesse는 『데미안Demian』에서 이렇게 말하고 있다.

스스로 자신의 생각을 판정해내는 데 안일한 사람은 있는 그대로의 금지된 것에 복종하고 말지. 그에게는 그것이 쉽거든. 그렇지만 어떤 사람들은 자기 내부에서 그 금지된 것을 스스로 느끼기도 한단 말이야. 그들에게 금지된 일들을 다른 사람들은 매일 할 수도 있고, 그들에게 허용된 일들이 다른 사람들에겐 금지되어 있는 일일 수도 있는 거야. 요컨대 사람은 각자 독자적이어야 하는 거지.

모든 규칙을 어김없이 준수해야 한다면 심리적으로 복종된 삶을 살 수밖에 없다. 그러나 우리 문화는 법을 어기는 것이 불량한 일이며 법에 저촉되는 행위는 감히 생각조차 해서는 안 된다고 가르치고 있다.

중요한 것은 어떤 규칙이 효과가 있는지, 우리 문화의 질서 유지에 필요한 규칙은 어떤 것인지, 다른 사람들이나 자신에게 해를 끼치지 않고 어길 수 있는 규칙은 또 어떤 것인지 스스로 판단하는 것이다. 반항 그 자체를 위한 반항은 아무런 소용이 없다. 그러나 자기 자신을 찾고 자기 나름의 기준에 따라 인생을 살아가는 것은 엄청난 보상이 따르는 신나는 일이다.

사회화를 거부하다

개인도 그렇지만 세상이 발전을 하는 것도 사회에 적응하고 무슨 일이든 그대로 받아들이는 사람이 아니라 일탈하는 사람들 덕택이다. 변화는 관습을 거부하고 자신의 세계를 만들어가는 혁신가에게 달려 있는 것이다. 전통을 그대로 답습하는 사람이 아니라 실천가가 되기 위해서는 사회화나 순응과 관련된 무수한 압력을 거부하는 법을 배워야 한다. 자기실현을 위해서는 사회화에 저항하는 것이 불가피한 일이다. 삐뚤한 행동으로 보일지 모르지만, 그 정도는 자주적 사고를 얻기 위해 치러야 할 대가다.

그러다 보면 별종으로 보일 수도 있고 이기적인 사람이나 불평분자라고 낙인찍힐 수도 있다. 많은 '정상적'인 사람들의 눈살을 찌푸리게 할 수도 있다. 때로는 왕따를 당할 수도 있다. 스스로 채택해온 규범에 반기를 드는 일을 곱게 봐주려 들지 않는 무리들이 틀림없이 있을 테니까.

"모두 자기 마음에 드는 규칙만 지키려 한다면 이 사회가 어떻게 되겠는가?"라는 식의 구닥다리 논쟁도 듣게 될 것이다. 물론 그 논쟁의 결론은 간단하다. 모든 사람이 그럴 리 없다는 것! 대다수 사람들이 외부 지지 시스템과 의무에 중독돼 있기 때문에 그러려고 하지 않는다.

절대로 무정부 상태를 부추기자는 것이 아니다. 어느 누가 사회를 파괴하려 하겠는가. 단지 우리들 가운데에는 사회라는 테두리 안에서 더 많은 자유를 부여받고 싶어 하는 사람들이 적지 않다는 것이다. 무의미한 의무와 바보 같은 당위성으로부터의 자유를 얻으려는 사람들 말이다.

합리적인 법이나 규칙도 모든 상황에 적용될 수는 없다. 중요한 것은 선택이다. 다시 말해 끊임없이 의무에 매달리는 복종심리에서 자유로울 수 있는 능력이다. 항상 문화가 기대하는 방식대로 처신할 필요는 없다. 만약 그렇게 처신하며 곁눈 한번 돌릴 수 없다면 그 사람은 추종자밖에는 될 수 없다. 다른 사람들이 자신의 행로를 결정하도록 내버려 두는 무리 가운데 한 사람 말이다.

어떤 때에 효과적으로 규칙이 작용하는지 나름대로 평가를 거듭하는 일이 필요하다. 물론 시키는 것을 맹목적으로 따르면 훨씬 마음 편할 때가 많다. 그러나 일단 법이 존재하는 이유가 국민을 종으로 부리기 위함이 아니라 국민에게 봉사하기 위함이라는 것을 인식한다면 우리는 '머스터베이션'을 하지 않아도 된다.

사회화에 거부하는 법을 배우고 싶다면 우선 주위를 의식해서는 안 된다. 법 때문에 힘들어도 여전히 법을 준수하려는 사람이 있다면 그들은 그들 마음대로 알아서들 하라고 내버려두자. 심지 있는 사람이 되라는 것이지 화를 내야 한다는 말이 아니다.

내 동료 가운데 해군에서 근무한 경력이 있는 사람이 있다. 그가 샌프란시스코 본부에 있었을 때 미국의 34대 대통령 드와이트 아이젠하워Dwight David Eisenhower 대통령이 북부 캘리포니아를 방문했다고 한다. 사병들은 그들의 몸으로 "환영합니다, 각하"라고 글씨를 만들라는 명령을 받았다. 대통령이 전용 헬리콥터에서 내려다볼 수 있게 하기 위해서였다. 내 동료는 그것이 정신 나간 짓이라고 생각하고 따르지 않기로 결심했다. 자신의 가치관과 모두 상치됐기 때문이었다.

그러나 그는 난동을 부리는 대신 그날 오후 혼자 몰래 빠져나갔다. 다른 사람들은 모두 그 꼴사나운 행사에 참여하도록 내버려두고. 자신이 맡았던 '환영합니다'의 '다'에 점을 찍을 기회를 놓쳤을 뿐이었다. 자신과 다르게 행동하는 사람들을 싸잡아 깎아내리지도, 쓸데없이 싸움을 벌이지도 않았다. 그저 어깨만 으쓱했을 뿐, 다른 사람들은 저들 나름대로 행동하도록 내버려뒀다.

사회화를 거부하는 것은 자신을 위한 결정을 내리고 최대한 효과적으로, 그리고 묵묵히 그 결정을 실행에 옮기는 것을 의미한다. 정치 시류 편승이나 전혀 득이 안 되는 적대적인 시위를 할 필요도 없다. 어리석은 규칙, 전통, 정책은 결코 없어지지 않을 테지만 내가 반드시 그 일부가 될 필요는 없는 것이다. 다른 사람들이 양처럼 순종할 때 당신은 묵묵히 자신의 길을 가라. 그들이 그렇게 행동하길 원한다면 그들은 그것으로 족하다.

하지만 당신은 아니다. 수선을 피우는 것은 거의 어김없이 사람들의 분노를 일으킨다. 자신에게도 더 많은 걸림돌을 만들어낸다. 조용히 우회하는 편이 훨씬 수월한 경우가 많다. 자신이 원하는 사람이 될 것인지, 다른 사람들이 원하는 사람이 될 것인지는 스스로 결정할 수 있다. 결정은 자신의 몫이다.

우리 사회에 변화를 가져온 새로운 아이디어들은 대개 한때 비난을 받았다. 그 가운데 상당수는 법에 어긋나기까지 했다. 진보란 더 이상 먹혀들지 않는 한물간 규칙에 정면으로 맞서는 것이다. 에디슨, 헨리 포드, 아인슈타인, 라이트 형제 들도 성공하기 전까지 사람들의 비웃음을 샀다. 불합리한 정책에 맞서기 시작하는 것도 처음에는 다 그렇다.

머스터베이션 하는 사람의 증상

다음은 우리 문화에 보편적으로 나타나는 머스터베이션의 몇 가지 예이다.

- 모든 것은 제자리가 있고 항상 그 정해진 자리에 놓여 있어야 한다

고 생각한다. 이런 정돈 증후군은 사물들이 정해진 자리에 놓여 있지 않은 경우 불편함을 느끼게 한다.

- 용인되는 옷차림은 딱 하나밖에 없고, 그것도 다른 사람들에 의해 결정된다고 생각하며 늘 무엇을 입어야 하느냐고 묻는다. "하얀 바지와 파스텔 색은 여름에만 입어야 한다" "모는 반드시 겨울에 입는 소재다"라는 식으로 '계절에 의해 통제되는' 의무들이 삶에 침투해 있다.

- 특정 음식에는 특정 음료가 어울린다고 생각한다. 화이트와인은 생선 요리나 닭고기 요리와 궁합이 맞고 레드와인은 소고기와 곁들여야 한다는 식. 음식 궁합에 대해 누군가가 정해놓은 규칙에서 벗어나지 않는다.

- 가고 싶지 않은 결혼식에도 참석하든지 또는 선물을 보내야 한다고 믿는다. 초대를 무시하고 싶어도 무시할 수가 없다. 선물을 사는 것이 심히 못마땅해도 마지못해 시늉이라도 한다. 그렇게 해야 한다고 생각하기 때문이다. 내키지 않는 장례식에도 참석한다. 역시 그래야 한다고 생각하기에. 슬퍼하거나 존경하거나 예의 바른 감정을 갖고 있다는 것을 보여주기 위해 의례적인 행사에 참석한다.

- 신앙심도 깊지 않고 내심 싫어하면서도 종교 의식에 참석한다. 다른 사람들이 그럴 것으로 기대하는 데다 그래야 옳은 것처럼 느껴지기 때문이다.

- 서비스를 제공하는 사람들에게 나보다 더 높은 지위에 있다는 의미의 호칭을 붙인다. 치과 의사를 뭐라고 부르는가? 선생님이라고 부

르는가? 그것이 진정 직업적인 호칭에 불과한 것인가? 그렇다면 존스 목수님, 스미스 수리공님이라고도 부르는가? 호칭이 직위에 대한 존경심에서 비롯된 것이라면 그 사람의 지위가 상대적으로 높다고 생각하는 이유는 무엇인가? 돈을 받고 서비스를 제공하는데 도대체 왜 그에게는 '선생님'이 붙고, 당신은 달랑 이름뿐인가?

- 피곤할 때가 아니라 잠잘 시간이 되면 잠자리에 든다.

- 한두 가지 체위로 성생활을 한다. 정상 체위라 여겨지는 체위만을 따르는 것. 또는 모든 조건이 갖춰졌을 때에만 성생활을 한다. 예를 들어 아이들이 잠들었을 때, 피곤하지 않을 때, 불을 끈 상태에서, 자신의 침대에서만 등등.

- 문화가 요구하는 일상의 역할을 택한다. 여자는 설거지를 하고 남자는 쓰레기를 내다 놓는다. 집안일은 아내의, 바깥일은 남편의 몫이다. 이것은 사내아이가 할 일이고, 저것은 여자아이가 할 일이다.

- 가족에게 도움이 되지 않는 실속 없는 가정 내 규칙이나 전통을 준수한다. 식탁에서 일어서도 되느냐고 허락을 받는다든지, 불편해도 모두 한데 모여 식사를 한다든지, 잠도 안 오는 취침 시간을 정해놓는다든지 하는 것들이다.

- 합리적이건 불합리적이건 모든 푯말의 지시를 따른다. 잡담 금지! 출입 금지! 절대 금지! 푯말을 무시하지도, 애당초 그 푯말이 그곳에 있어서는 안 된다고 생각하지도 않는다. 푯말을 내거는 것도 사람이고 실수하는 것 역시 사람인데도.

- 마음이 내키지 않아도 일요일마다 어머니 집에 가서 저녁을 먹는

다. 그렇게 모이는 것에 대해 어머니를 포함해 그 누구도 좋아하는 사람이 없건만 그것이 가족의 전통이 되었기 때문에 그 전통을 유지한다.

- 책을 읽을 때에는 항상 책 표지에서부터 시작해서 끝까지 한 글자도 빠뜨리지 않고 읽는다. 그다지 재미없더라도 끝까지 읽는다. 이미 절반 정도를 읽었기 때문이다. 절반을 읽었으니 마저 읽어야 한다는 식이다.

- 여자는 절대 데이트를 신청하는 법이 없다. 어쨌거나 그것은 남자의 역할이다. 혹은 먼저 전화를 걸지도, 데이트 비용을 부담하지도 않는다. 그 외에도 무수히 많은, 실속 없고 말도 안 되는 전통에 얽매인다.

- 연말 카드를 보내면서 분통을 터뜨린다. 그래도 보내는 이유는 늘 해왔던 일이고 으레 그러리라 기대되기 때문이다.

- 항상 '그 또는 그녀가 정말 내 짝일까?'라고 의심을 품으며 잊을 만하면 자신의 반쪽을 찾아 헤맨다.

- 어디든 배우자와 함께 간다. 그래야 한다고 생각되기 때문. 두 사람이 각기 다른 장소에 있고 싶어 하는 경우라 해도.

- 모든 일에 '…하는 법' 책자를 참고한다. 모든 일이 특정 방식으로 행해져야 한다고 생각한다. 유용한 정보를 주는 지침서와 정해진 방식만 제시하는 책자를 구별할 줄 모른다.

- 옷, 모자, 자동차, 가구, 샐러드 드레싱, 애피타이저, 책, 대학, 일 등의 모든 것들에 대해 딱 들어맞는 것을 찾느라 조바심을 낸다. 그 결

과 우유부단함과 불확실성만 품게 된다.

- 서비스가 나빠도 팁을 준다.
- 고향 스포츠 팀의 승패에 열을 올리는 팬 활동을 한다. 선수들의 실적을 통해 대리만족을 얻는다.

머스터베이션에 빠지는 이유

그런 머스터베이션에 매달리는 이유 가운데 몇 가지를 들자면 다음과 같다. 다른 모든 오류지대와 마찬가지로 이런 보상들은 대체로 자신을 망치게 하지만, 그래도 굳이 그런 행동을 하는 데에는 다 나름의 이득이 있기 때문이다.

- 온갖 의무에 따르면서 착한 행동을 하고 있다는 데에서 위안을 얻을 수 있다. 복종적인 데 대해 스스로를 대견해하는 것. 이것은 '품행이 방정'할 때마다 칭찬을 받았던 어린 시절로 되돌아가는 퇴행적 보상이다. 다시 말해 다른 사람이 나의 행동 규칙을 정해주길 기다리는 것이다.
- 외부에 순응하게 되면 발전이 없는 이유가 자기 자신에게 있는 게 아니라 의무를 지키다 그랬노라고 말할 수 있다. 의무가 현상유지를 하기 위한 핑계가 될 수 있는 한 자신을 변화에 내던지는 위험을 회피할 수 있다. 결과적으로 의무는 성장을 막는다.

당시 34세의 환자 마조리는 혼전 성관계가 절대 있을 수 없다고 생각했다. 행여 그럴 기회가 생긴다고 해도 자신의 금지의무를 물리치지는 못했다. 마조리는 남자친구와 단둘이서는 하룻밤도 같이 있지 못했다. 계속 안절부절못하다가 결국 오밤중에 어머니가 있는 집으로 달려가곤 했다. 마조리는 의무에 매달리면서 성관계라는 겁나는 행위에 자신을 시험하는 모험을 하지 않아도 됐던 것이다.

- 의무를 통해 다른 사람들을 마음대로 주무를 수 있다. 누군가에게 어떤 식으로 처신해야 한다고 말하면서, 그 사람으로 하여금 자신이 원하는 방식대로 행동하게 만든다.

- 자신감이 부족한 판에 의무라도 끄집어낸다. 자아상이 빛을 잃을수록 자신을 의무들로 단단히 에워싼다.

- 자신의 행동이 올곧다고 생각하면서 모두를 위해 필요하다고 생각하는 의무에 다른 사람들이 따르지 않을 경우 적개심을 품는다. 정해진 규칙에 따르지 않는 다른 사람들을 깎아내리고 상대적으로 자신을 치켜세우면서 우쭐해한다.

- 순응하면서 인정을 받을 수 있다. 일단 체제에 순응을 하면 마음이 편해진다. 줄곧 의무 사항이라고 귀 따갑게 들어왔던 일이기 때문. 이렇듯 구태의연하게 인정을 탐하는 행위 역시 고쳐야 할 나쁜 습관이다.

- 다른 사람을 중심으로 세우고, 그들의 성공과 실패를 통해 살아가는 한 자신을 위해 노력할 필요가 없다. 다른 사람을 영웅시하는 것은 자신을 깎아내리는 생각을 더 다지고 자신을 위해 노력해야 할

필요로부터 피난처를 제공받을 수 있다. 기분이 좋거나 나쁜 원인이 그런 영웅에게 있는 한 그 책임을 져야 할 이유가 없기 때문이다. 이 경우 자신의 가치는 진정 다른 사람의 가치이며, 따라서 덧없고 부질없다.

머스터베이션에서 벗어나 나를 찾다

의무라는 자기실현의 오류지대를 제거하는 고단한 일에는 기본적으로 위험이 수반된다. 그래도 일단은 부딪쳐봐야 한다! 여태껏 살아온 방식이 자신에게 도움이 안 된다면 그것을 바꾸겠다고 결심하는 것이 당연하다. 머스터베이션 습관에서 벗어나는 데 도움이 될 만한 몇 가지 전술을 소개한다.

- 따르고는 있지만 실효성이 전혀 없어 보이는 규칙들을 모두 나열해볼 것. 불만스럽지만 떨쳐버릴 수 없는 관습적 행위들 말이다. 그런 다음 자신에게 가장 합리적인 '행동 규칙'을 만들어보라. 그것을 종이에 적어보라. 당장에는 내면화할 수 없을 거라는 생각이 들더라도.
- 자기 나름의 전통을 만들 것. 예를 들어 매년 크리스마스이브에 트리를 장식했다면 이제부터는 3일 전에 장식해보는 등 새로운 전통을 만들라.

- 자신의 내면과 외면에 대한 일기를 쓸 것. 자신의 감정에 대한 책임을 다른 사람에게 돌린 적이 없는지 자신의 외부 지향 행위들을 적어보라. 새롭고 용기 있는 행동을 함으로써 내 마음의 심지를 자신의 내부로 옮길 수 있는지 알아보라. 그 성공담을 죽 적어보라.

- 내가 다른 사람들에게 얼마나 많은 규칙을 강요하고 있는지 살펴볼 것. 그들이 진정 그런 지시를 필요로 하는지, 또는 그런 지시가 없더라도 똑같은 방식으로 행동할 것인지 물어보라. 어쩌면 그들이 훨씬 효과적이고 유연한 지침을 생각해낼 수 있다는 사실을 알게 될지도 모른다.

- 어떤 결정을 내릴 경우 옳은 결정이나 그른 결정이 따로 있는 것이 아니라 결과가 다를 뿐이라고 생각할 것. 결정을 내릴 때 옳고 그름을 생각하지 말고 어느 쪽을 선택해도 각각의 결과를 가져올 것이라고 다부지게 생각하라. 외적인 보장에 기대지 말고 자신을 믿고 결정을 내려라. 당신이 만족시켜야 하는 것은 외부 기준이 아니라 당신 자신이다.

- 자신은 어떤 규칙을 따르지 않기로 했노라고 다른 사람에게 알리지 말 것. 그런 행동은 오로지 자신만의 문제이니만큼 다른 사람의 인정을 구하는 태도를 취하지 말라. 그렇게 되면 사회화를 거부하는 이유가 다른 사람의 관심을 끌고 다른 사람에게서 찬사를 얻기 위한 것이 된다.

- 다른 사람들이 나에게 떠맡긴 역할을 버릴 것. 남자, 여자, 중년에게 으레 기대되는 위치가 아닌 자기 자신이 바라는 위치를 찾아라.

- 대화하다가 다른 사람을 화제로 삼지 말 것. 험담을 하지 말고 다른 사람이나 상황, 생각에 대해 이죽거리거나 트집을 잡지 않도록 연습하라.

- 다른 사람이 변하기를 기다리지 말 것. 다른 사람이 변해야 한다고 생각하는 이유가 단지 내가 원하기 때문은 아닌지 자문해보라. 누구나 원하는 대로 행동할 수 있는 권리가 있다는 것을 인정하라. 아무리 안달복달해봐야 소용없다.

- 비난 목록을 만들어볼 것. 그 목록 안에 자기 자신에 대해 못마땅하게 여기고 있는 부분을 상세히 적어보라. 나와 내 인생에 대한 불만 사항과 원인을 제공하는 사람이나 사물을 연결 지어본다. 예를 들면 다음과 같다.

너무 뚱뚱하다 — 신진대사, 어머니, 맥도날드, 유전

시력이 나쁘다 — 부모, 조부모, 하나님, 유전

수학을 너무 못 한다 — 초등학교 선생님, 동생, 수리 능력 결핍 유전자, 어머니

이성친구가 없다 — 운이 없다, 호감 가는 이성 부재, 부모, 서툰 화장

너무 키가 크다 — 유전, 하나님, 어머니

불행하다 — 경제, 주가지수, 이혼, 자식들과의 불화, 질병

가슴이 너무 빈약하다 — 어머니, 유전, 운, 성장기의 영양 결핍, 하나님, 사탄

머리 색깔이 마음에 안 든다 — 유전, 여자친구, 태양

세상사가 짜증난다 ― 역대 대통령, 공산주의자, 인류

이웃이 심술궂다 ― 동네 분위기, 선입견을 갖고 사람들을 평가하
는 부류들

테니스 실력이 형편없다 ― 바람, 태양, 네트의 높낮이, 주위의 소
음, 근육 경련, 팔다리의 통증

기분이 좋지 않다 ― 신진대사, 월경, 의사, 음식, 더위, 추위, 바람,
비, 꽃가루

이제 비난 점수를 모두 더해보라. 그리고 나의 불편한 감정에 원인
을 제공한 그 모든 주범들에게 잘못과 비난을 적절히 나눠준 후 나에
게 변화가 있는지 살펴보라. 이상하지 않은가? 나는 그대로다. 비난을
하든 안 하든 티끌만큼도 변함없이 그대로다. 비난을 하든 안 하든, 싫
어하는 부분을 고치기 위해 건실한 노력을 기울이지 않는 이상 나는
그대로다. 이 목록을 연습 삼아 비난이 얼마나 부질없는 것인지 깨닫
기 바란다.

- 자신도 모르게 비난을 해버리고 말았다면 다시는 그러지 않겠다고
  선언할 것. 그 목표를 입 밖에 내어 말하면 비난하기 좋아하는 자신
  의 성향에 주의를 기울일 수 있다.
- 내가 선택한 불행은 어떤 경우건 결코 다른 사람 탓이 아니라 내 행
  위의 결과라는 사실을 명심할 것. 외부 요인 때문에 불행하다고 생
  각하면 더더욱 종속적이 될 뿐이다. 내가 불행을 통제하는 것이 아

니라 불행이 나를 지배하게 될 테니까.

- 누군가 다른 사람에 대한 비난을 늘어놓으면 "제가 이런 말을 듣고 싶을 거라고 생각하시나요?"라고 물어볼 것. 즉 '비난받이'로 나를 이용하지 말아달라고 밝히는 것이다.

- 앞서 설명한 의무의 목록을 다시 살펴볼 것. 그런 구닥다리 습관을 내던지고 이제까지와는 다른 행동을 시도해보라. 야심한 시각에 저녁을 먹거나, 성관계를 할 때 체위를 바꿔보거나, 원하는 옷을 입는 등. 나 자신에 대한 믿음은 늘리고 다른 사람들이 말하는 의무에 대한 믿음은 확 줄여라.

- 나를 괴롭히는 것은 다른 사람들의 행위가 아니라 그런 행위에 대한 내 반응이라는 점을 잊지 말 것. "저 사람들 왜 저럴까?"라고 말하는 대신 "저 사람들 행동 때문에 내가 왜 괴로워해야 하지?"라고 생각하자.

관습을 떠나 즉흥적으로 사고하라

미국의 유명한 사상가이자 시인 랠프 월도 에머슨Ralph Waldo Emerson은 1838년 『문학 윤리Literary Ethics』에 이렇게 적었다.

인간은 '진부'라는 맷돌을 하염없이 돌리고 있다. 하지만 맷돌에서 나오는 것은 오로지 그 맷돌에 집어넣은 것뿐. 하지만 관습에 얽매이지 않고 즉흥적 사고를 택하는 순간 시, 위트, 희망, 미덕, 교훈적 일화 등 온갖 것들이 와르르 쏟아져 나와 인간을 도와준다.

이 얼마나 멋진 생각인가. 관습에 얽매이면 우리는 언제까지고 현상유지만 할 것이 틀림없다. 그러나 관습의 장벽을 깨면 세상을 내 마음대로, 창의적으로 주무를 수 있다.

자신의 행동을 스스로 평가하고 자신을 신뢰하면서 그때그때 결정을 내리도록 하라. 평생을 대충 방침과 전통 사이를 오가면서 답을 구하는 일은 그만두라. 마음 가는 대로 나만의 행복의 노래를 부르라. 행복이란 모름지기 어떤 것이어야 한다는 공식을 만들지 말라.

일곱 번째 마음가짐

다른 사람과 비교하지 않는다

세상이 완벽히 질서정연하고 모든 것이 공평무사해야 한다면
어떤 생물도 하루를 버텨나지 못할 것이다.
새가 벌레를 잡아먹는 것조차 할 수 없다.
어찌 모든 이의 이익을 충족시킬 수 있겠는가.

우리는 살아가면서 정의를 찾는다. 정의가 실현되지 않을 때는 분통을 터뜨리거나 불안하고 혹은 좌절을 느끼기도 한다. 그러나 사실 정의 구현을 추구하느니 차라리 젊음의 샘이나 신기루를 좇는 편이 훨씬 생산적일 수 있다. 정의는 존재하지 않는다. 지금껏 존재한 적도 없고 앞으로도 존재하지 않을 것이다.

세상은 애초에 그렇게 만들어져 있지 않다. 새는 벌레를 잡아먹는다. 벌레에게는 공평치 않은 일이다. 거미는 파리를 잡아먹는다. 파리에게는 공평치 않은 일이다. 사자는 코요테를 잡아먹는다. 코요테는

오소리를 잡아먹는다. 오소리는 쥐를 잡아먹는다. 쥐는 벌레를 잡아먹는다. 자연만 쓱 둘러봐도 세상에는 정의가 존재하지 않는다는 것을 바로 깨달을 수 있다. 폭풍우, 홍수, 해일, 가뭄 어느 것 하나 불공평하지 않은 것이 없다.

정의라고 하는 것은 비현실적인 개념이다. 이 세상과 이 세상을 살아가는 사람들은 언제나 늘 불공평하다. 허나 행복을 택하고 불행을 택하는 것은 정의의 부재와는 아무 상관이 없다.

인간과 세상에 대해 삐딱한 시선을 보내는 것이 아니다. 그보다는 세상이 진정 어떤 곳인가에 대한 엄정한 평가다. 정의는 거의 어떤 것에도 적용될 수 없는 개념이다. 하물며 자기실현이나 행복에 대한 선택과 관련해서는 말해 무엇 하겠는가. 그런데 인간관계에서는 어느 정도 정의가 있어야 한다고 주장하는 사람들이 많다. "불공평해" "내가 못한다면 당신도 그렇게 할 권리가 없어" "'나더러' 그렇게 해달라는 거야?" 노상 우리가 입에 달고 다니는 말들이다.

우리는 정의를 구하면서 세상이 불공평하기 때문에 불행하다고 말한다. 정의를 주장하는 행위가 죄다 노이로제는 아니다. 정의를 주장하는 것이 오류지대가 되는 유일한 경우는, 정의가 보이지 않는데도 부질없이 요구하며 부정적인 감정으로 자신을 몰아세울 때다. 이런 자기 파괴적인 행동은 더 이상 정의가 아니다. 정의 부재라는 현실에서 비롯되는 자기 통제 불능 상태일 뿐이다.

우리 사회는 정의를 약속한다. 정치인들은 선거 공약을 내세울 때마다 그 약속을 들먹인다.

"우리 모두를 위해 평등과 정의가 필요합니다."

그러나 날이 바뀌어도, 아니 세대가 바뀌어도 정의의 부재는 계속된다. 가난, 전쟁, 사회 병폐, 범죄, 매춘, 마약, 살인은 세대를 거듭해 사라지지 않고 행해진다. 그리고 인류의 역사가 지속되는 한 그런 상황은 수그러들지 않을 것이다.

불공평은 변하지 않는다. 그러나 무한히 샘솟는 지혜를 가지고 있는 우리는 그런 불공평에 맞서 싸우겠다고 결심할 만도 하다. 불공평하다며 심적으로 어쩔 줄 모르는 상태에 빠지지 않으려고 스스로를 다잡을 수도 있다. 부정 근절에 한몫하기 위해 애쓸 수도 있고 부당함 때문에 심리적 좌절을 겪지 않겠다고 마음먹을 수도 있다.

법 제도는 "국민들은 정의 구현을 요구한다"면서 정의를 약속한다. 간혹 정의 구현을 위해 노력하는 정치인들도 있다. 그러나 대개는 그렇지 않다. 돈 있는 사람들은 감옥에 들어가지 않는다. 판사와 정치인이 세도가들에게 매수되는 일도 비일비재하다. 미국의 대통령과 부통령은 명백한 범죄 행위를 저지르고도 사면되거나 깃털같이 가벼운 처벌을 받는다. 감옥은 가난한 사람들로 북적인다. 이런 상황은 공평치 않다. 그러나 이것이 현실이다.

미국의 37대 리처드 닉슨Richard Milhous Nixon 대통령 시절의 부통령이었던 스피로 애그뉴Spiro Agnew는 연방소득세를 탈세한 혐의가 드러나 사임한 뒤 부자가 됐다. 워터게이트 도청 사건으로 사임한 닉슨 대통령은 사면됐으며 그의 측근도 겨우 몇 달 간의 형을 선고받았을 뿐이었다. 그러나 가난한 사람들과 소외된 계층은 한번만 선처를 해달라면서 재판을 기다리고, 감옥에서 썩고 있다. 지방 법원이나 경찰서에 찾아가보면 세력가들은 별천지의 법을 적용받고 있다는 사실을 알 수 있다. 물론 당국은 이를 가차 없이 부인한다.

정의는 어디에 있는가? 어디에도 없다! 부정에 맞서 싸우기로 결심했다면 그것은 참으로 훌륭한 생각이다. 그러나 부당함으로 울분을 터뜨리는 쪽을 택했다면 그것은 다른 오류지대 행위들과 똑같이 히스테릭한 반응이다.

부질없는 외침, "불공평해!"

정의의 요구는 인간관계에도 침투해 다른 사람들과의 효과적인 의사소통을 막는다. "불공평해!"라는 외침은 상대방에게 내지르는 보편적인 자기 파괴적 한탄 중 하나다. 무언가를 불공평하다고 생각하려면 스스로를 다른 사람이나 집단과 비교해야 한다. 이때 생각은 이렇게 흐른다. "다들 하는데 나라고 왜 못 해?" "네가 나보다 더 많이 가지는 건 공평치 않아" "나는 못 하게 됐는데 왜 너는 되는 거지?" 등 나열하자면 끝도 없다.

이 경우, 우리는 다른 사람의 행동을 바탕으로 나에게 무엇이 좋은지 판단하고 있는 것이다. 이제 내 감정의 지휘자는 바로 그들이 된다. 내가 할 수 없는 일을 다른 사람이 했다는 이유로 화를 낸다면 그것은 자신을 통제하는 지휘봉을 남에게 넘겨주는 것이다. 다른 사람과 비교할 때마다 "불공평해!" 게임을 하는 사람은 스스로를 신뢰하지 않는 사람이며 타율적인 외부 지향적 사고에 지배되고 있는 사람이다.

내 환자였던 젊고 매력적인 여성 주디는 그런 류의 자기 파괴적인 사고방식을 가진 사람이었다. 주디는 5년간의 불행했던 결혼생활에 대해 불평을 늘어놓았다. 나는 주디에게 역할극 치료를 권했다. 주디는 그룹 앞에서 한 남성과 부부싸움 역할극을 했다. 보험회사 세일즈맨인 남편이 듣기 싫은 소리를 하자 주디는 대뜸 "왜 그렇게 말해요? 난 당신한테 한번도 그런 식으로 말한 적 없는데"라고 맞섰다. 남편이 자녀에 대해 언급하자 주디는 "그건 불공평요. 난 싸우면서 한번도 아이들을 끌어들인 적 없는데"라고 말했다. 남편이 회식 때문에 늦을지도 모른다고 말하자 또 다시 "그건 불공평요. 당신은 허구한 날 바깥으로 나도는데 난 애들 데리고 집에만 있어야 하다니!"라고 따졌다.

주디는 남편과의 관계에도 점수를 매겼던 것이다. 모든 것이 공평해야 했다. 상대방이 하나를 가지면 나도 하나를 가져야 했고, 내가 이런 식으로 행동하면 상대방도 똑같은 방식으로 행동해야 했다. 자신의 결혼생활에 혹시라도 개선할 수 있을 만한 부분이 있는지 생각해보지 않고 툭하면 상처받고 울분을 느끼면서 불공평을 바로잡는 데 사로잡혀 있었다. 그 불공평이라는 게 어쩌면 생각이 만들어낸 것인지도 모르는데도 말이다.

주디가 정의를 외치는 것은 막다른 골목을 향해 치달은 노이로제였다. 자신의 행위를 바탕으로 남편의 행동을, 남편의 행동을 기준으로 자신의 행복을 저울질했다. 만약 그녀가 끝도 없이 비교하는 일을 그만두고, 상대방에게 빚진 기분을 느끼지 않고 자신이 원하는 것을 추구했더라면 그녀의 결혼생활은 훨씬 나아졌을 것이다.

공평함은 외부 지향적인 개념이다. 자신의 삶에 대한 책임을 회피하는 한 가지 방법인 것이다. 불공평하다고 생각하지 말고, 대신 자신이 진실로 원하는 것이 무엇인지 결정하고 그것을 달성하기 위해 전략을 짜보라. 다른 사람이 무엇을 원하고 무엇을 하고 있는가와는 상관없이.

분명한 사실은, 사람들은 모두 다르고 내가 더 불리하네 아무리 징징거려도 긍정적인 자기 변화는 이룰 수 없다는 점이다. 어떤 사람들은 더 적게 일하고도 더 많은 돈을 번다. 내가 더 능력 있지만 연줄이 없어 나 말고 다른 사람이 승진을 한다. 배우자나 자녀의 행동은 항상 내 기대에 어긋난다. 그러나 이렇게 자신을 다른 사람과 저울질하는 일을 그만두고 상대가 아닌 나에게 초점을 맞추면 내 앞을 턱턱 가로막으며 나를 열 받게 하던 불평등들이 모두 사라진다.

대부분의 노이로제는 그 바탕에 다른 사람의 행동을 나의 행동보다 더 높게 평가하는 마음이 깔려 있다. "그가 할 수 있는 일은 나도 해야 해"라는 말을 입에 달고 다니면 결코 자신의 삶을 설계할 수 없다. 다른 사람을 기준으로 삶을 만들어가게 되기 때문이다.

영국의 시인이자 극작가, 비평가인 존 드라이든John Dryden은 질투를 '영혼의 편견'이라고 불렀다. 질투로 인해 눈이 멀거나 또는 자신의 마음이 통제 불능 상태가 된다면 그것으로부터 벗어나려는 노력을 해야 한다. 사실 질투는 사람들에게 자신을 어떤 방식으로 사랑해달라고 요구하는 것이다. 그리고 실제 그렇지 않은데도 "불공평해"라고 말하는 것이다.

질투는 자신감 부족에서 비롯된다. 질투란 다른 사람의 손아귀에 잡힌 행동일 따름이다. 질투를 하면 다른 사람의 행동 때문에 내 기분이 엉망이 되기도 한다. 진정으로 자신을 사랑할 줄 아는 사람은 질투를 택하지 않는다. 그리고 다른 사람의 불공평한 처사에도 이성을 잃지 않는다.

아무리 내가 사랑하는 사람이라고 해도 그가 다른 사람에게 품는 감정을 내가 어떻게 할 수 있겠는가. 만약 그가 다른 사람과 애인 관계가 될 경우 그 이유를 나와 연관 지어 생각하면 질투로 옴짝달싹 못하게 된다. 그렇지만 그가 나 아닌 다른 사람을 사랑한다 해도 그는 불공평한 행동을 하고 있는 것이 아니다. 현재 그의 마음 상태가 그럴 따름이다. 그 일에 불공평하다는 꼬리표를 붙이면 결국 그 이유를 애써 헤아려야 할 것이다.

정의를 부르짖는 사람의 증상

"자고로 세상사는 공평해야 한다"는 생각은 거의 모든 삶의 영역에서 분명하게 나타난다. 아주 조금만 주의를 기울여도 그런 행위가 여기저기서 불쑥불쑥 눈에 띄는 것을 알 수 있다. 아래의 예들은 비교적 보편적인 것들이다.

- 똑같은 일을 하는데도 다른 사람들이 나보다 더 많이 번다고 불평한다. 미국의 가수 프랭크 시나트라Frank Sinatra, 새미 데이비스Sammy Davis, 가수이자 영화배우 바브라 스트라이샌드Barbra Streisand, 야구 선수 캣피쉬 헌터Catfish Hunter, 미식축구 선수 조 나마스Joe Namath가 돈을 쓸어 담다시피 하는 것은 불공평하다며 몹시 흥분한다.

- 규칙을 위반했을 때 다른 사람들은 잘만 빠져나가는데 나는 한번도 그냥 넘어가는 법이 없다고 불평한다. 고속도로 과속에서부터 닉슨의 사면에 이르기까지 정의는 '반드시' 실현돼야 한다고 주장한다.

- 누군가 호의를 베풀면 반드시 갚아야 한다. 저녁식사 초대를 받으면 자신도 역시 한 번 초대해야 한다거나, 포도주 한 병 정도는 들고 가야 한다. 이런 식의 행동은 매너가 좋다거나 예의가 바르다는 말로 정당화되지만 실은 공평함으로 저울의 균형을 잡고 있는 것뿐이다.

- 누군가 키스를 하거나 "사랑해"라고 말하면 그저 받아들이고 언제라도 마음이 내킬 때 자신의 감정을 표현하는 게 아니라 키스를 받은 즉시 답하거나 "나도 사랑해"라고 말한다. 그 안에는 "사랑해"라는 말을 듣거나 키스를 받은 즉시 되갚아주지 않으면 공평하지 않다는 의미가 내포돼 있다.

- 의무감으로 성관계를 한다. 원치는 않지만 비협조적으로 구는 것은 진정 공평치 않은 일이라고 생각하기 때문. 따라서 어느 순간 마음이 동해서가 아니라 공평함의 원칙에 따라 몸을 움직인다.

- 모든 일에는 항상 일관성이 있어야 한다고 주장한다. "우둔한 일관

성은 꼬마 도깨비 같은 쩨쩨한 마음이다"라는 에머슨의 말을 기억하라. 모든 세상사가 어김없이 정당하길 바란다면 나는 '쩨쩨한' 부류의 사람이다.

- 논쟁을 벌일 때, 옳은 사람이 이기고 틀린 사람이 져야 한다는 이분법적 논리를 주장한다.

- 멋대로 행동하기 위해 '불공평' 타령을 한다. "당신은 어젯밤 외출했으면서 나는 집에만 처박혀 있어야 하다니 불공평해" 하며 화를 낸다.

- 아이들, 부모, 동네 사람들에게 "불공평해"라고 퍼부은 뒤에도 결국은 내키지 않은 일을 한다. 그리고 또 그것 때문에 분통을 터뜨린다. 상황이 엉망이 된 것에 대해 불공평을 탓하지 말고 내가 나에게 가장 좋은 것을 스스로 결정할 줄 몰랐음을 받아들이자.

- 다른 사람의 행위로 자신의 행동을 정당화하는 '그가 할 수 있다면 나도 할 수 있어' 식의 게임을 한다. 고속도로에서 새치기를 하는 이유는 다른 사람이 먼저 그랬기 때문이고, 꾸물거리는 앞차를 서둘러 제친 이유도 그 차가 먼저 그랬기 때문이며, 상향등을 켠 채로 달리는 이유도 앞에서 다가오는 차가 먼저 그랬기 때문이다. 정의감이 침해당했다는 이유로 자신의 목숨을 담보로 내놓는다. 그들은 어렸을 적 부모가 '저 사람이 나를 치니까 나도 치는 거야'라고 행동하는 것을 수천 번 보고 자랐을 경우가 많다. 이런 행위가 발단이 되어 말도 안 되는 극단으로 치닫는 사례가 바로 전쟁이다.

- 받은 선물과 같은 가격대의 선물을 한다. 호의를 받을 때마다 동급

의 호의로 되갚는다. 마음에서 우러나와서가 아니라 같은 점수를 유지하기 위해서다. 어차피 '공평해야 하니까'.

지금까지 우리는 '정의의 골목'에 잠시 다녀왔다. 그곳 사람들은 모든 일은 공평해야 한다는 소용없는 말만 되뇌다가 심적인 동요를 일으키곤 한다. 그 정도가 매우 약한 경우도 많지만, 어쨌든 동요를 일으킨다.

정의롭지 않은 세상을 사는 방법

정의 구현을 외치면서 얻을 수 있는 보상은, 초점을 현실에서 영영 존재할 성싶지 않은 꿈의 세계로 옮긴다는 것이다. 그러나 이것은 자기 파괴적인 행동이다. 사람들이 '정의 구현'을 요구하는 사고방식이나 행동을 취하는 보편적인 이유는 다음과 같다.

- 스스로 올곧다고 젠체할 수 있다. 자기 자신을 우월하게 느낄 수 있는 한 가지 방법인 셈이다. 그러나 실제 존재하지도 않는 정의 시스템을 주장하면서 점수표를 짜는 데만 신경을 쓰다 보면 현재를 낭비하게 될 것이다.
- 관심, 동정, 자기 연민을 얻을 수 있다. 이제껏 세상이 나에게 공평치 못했으니 모두 나를 불쌍히 여겨야 한다는 논리. 이것은 변화를

회피하기 위한 또 다른 훌륭한 기술이다. 관심, 동정, 자기 연민이라는 보상을 자신의 버팀목으로 삼는다.

- 온갖 종류의 부도덕한, 법에 어긋나는, 온당치 못한 행동을 하면서 다른 사람 때문에 그렇게 할 수밖에 없었다고 핑계를 댄다. '다른 사람이 할 수 있으면 나도 할 수 있다'는 식. 이것은 어떤 행위에나 적용할 수 있는 훌륭하기 이를 데 없는 합리화 시스템이다.

- 이러쿵저러쿵할 거리가 있기 때문에 자신에 대해 얘기하는 것을 피할 수 있다. 이 세상의 온갖 부조리에 대해 하소연을 늘어놓으면서 아무것도 하는 게 없는 것이다. 그러나 적어도 그 시간만큼은 그냥 보낼 수 있고, 서로 한층 솔직하고 친밀해지는 것을 피할 수 있다.

- 다른 사람들, 특히 자녀를 조종할 수 있다. 그들이 당신과 똑같지 않을 경우, 그리고 온갖 '주고받기' 관계에서 동점을 기록하지 않을 경우 그들이 당신을 불공평하게 대하고 있다고 상기시키는 방법을 통해서다. 자녀를 마음대로 부리기 위한 손쉽고도 훌륭한 수법이다.

- 모든 것이 공평해야 한다는 전제 아래 보복적인 행동도 정당화할 수 있다. 이것은 자신의 갖가지 불쾌하고 교활한 행위에 면죄부를 얻기 위한 것이다. 모든 것이 공평해야 하므로 복수도 정당화될 수 있다. 당신은 호의를 되돌려줘야 하는 것과 마찬가지로 치사한 행동도 반드시 되갚아야 하는 사람이니까.

지금까지 자꾸 정의를 부르짖게 만드는 심리적 지지 시스템을 살펴봤다. 그러나 그 시스템은 절대 바뀌지 않는 것은 아니다. 정의 요구의 오류지대를 일소할 수 있는 전략 몇 가지를 소개한다.

- 부당하다고 여겨지는 이 세상 모든 일에 대해 조목조목 적어볼 것. 그리고 자신에게 이런 질문을 던져보라. "내가 화내면 저 부당함이 사라질까?" 분명 그렇지 않다. 정의의 덫에서 빠져나올 수 있는 방법은 다름 아닌 나를 화나게 만드는 오류지대의 사고방식을 집중 공략하는 것이다.

- "나더러 그렇게 해달라는 거야?"라는 말이 나오려고 할 때 그 말을 "나는 너랑 달라. 지금 당장은 그 사실을 받아들이기 힘들겠지만"이라고 바꿀 것. 그러면 상대방과 대화의 물꼬가 트일 것이다.

- 다른 사람이 어떤 식으로 행동하든 그것을 나의 감정에 개입시키지 말 것. 그러면 다른 사람들이 마음에 들지 않게 행동했을 때 속이 상하는 악순환의 고리를 끊을 수 있다.

- 결정 하나하나가 인생에 무슨 큰일이라도 나게 하는 것처럼 호들갑 떨지 말고 지켜볼 것.

- "불공평해"라는 말을 "운이 나빴어" 또는 "그랬으면 더 좋았을 걸"이라는 말로 바꿀 것. 그렇게 하면 세상이 이래서야 되겠느냐고 열을 올리는 대신 일단 현실을 받아들일 수 있다. 그러나 반드시 그 현실에 동조할 필요는 없다.

- 대놓고 비교하는 말을 하지 말 것. 다른 사람들의 행동에 신경 쓰지 말고 자신의 목표를 갖는다. 다른 사람들은 이걸 가졌네, 저걸 못 가졌네 하고 구시렁거리지 말고 자신이 원하는 것에 신경을 써라.

- "난 늦으면 꼭 전화를 했어. 그런데 왜 당신은 전화를 안 하는 거지?"라는 말을 하고 싶을 때 "전화했으면 더 좋았을 텐데"라고 고쳐 말할 것. 그러면 상대방이 전화를 해야 하는 이유가 내 잣대에 맞추기 위한 것이라는 잘못된 생각을 버릴 수 있다.

- 저녁식사나 모임에 초대받은 대가로 와인이나 선물을 들고 가면서 빚을 갚으려 하지 말 것. 대신 그렇게 하고 싶은 마음이 우러날 때까지 기다렸다가 "그냥 당신이 정말 좋은 사람 같아서요"라는 쪽지와 함께 와인 한 병을 보내라. 무슨 거래라도 하는 양 손익계산서를 맞출 필요가 없다. 굳이 어떤 상황에 맞추지 말고 필요하다고 생각될 때 좋은 일을 하라.

- 선물을 할 때는 언제나 마음 가는 대로 지출 규모를 잡을 것. 내가 받은 선물의 값어치에 휘둘리지 말라. 의무와 공평함에 바탕을 둔 초대는 하지 말라. 외적 기준이 아닌 내 마음이 정한 기준에 따라 누구를 초대할 것인지 결정하라.

- 가족들과의 타당한 행동 기준을 정하고 다른 가족 일원에게도 그렇게 할 수 있게 하라. 또 그렇게 하면서 서로의 권리를 침해하게 되는 건 아닌지 살펴보라. 일주일에 3일 밤은 외출하고 싶은데 아이들을 보살펴줄 사람이 없어서 그렇게 할 수 없다고 나의 의사 결정에 '공평함'이 꼭 끼어들 필요는 없다. 보모를 구하거나, 아이들도 함께 데려가거나, 혹은 무엇이 됐건 서로 만족할 만한 해결책을 구하면 된다. 그러나 단골 메뉴인 '불공평해' 한탄을 끌어들이면 분명 관련된 모든 사람의 분노를 살 것이며, 결국에는 집에 남아 있게 될 것이다.

부당함에 대한 불평가가 되지 말고 행동가가 되라.

　지금까지 살펴본 것은 나를 다른 사람과 비교하고 다른 사람에 의해 내 행복을 저울질하는 데에서 벗어남으로써 한층 더 행복해지는 아주 기본적인 몇 가지에 불과하다. 중요한 것은 부당함이 아니라 부당함에 대해 내가 어떻게 처신하느냐다.

미루지 않고 행동한다

미루는 데는 땀 한 방울조차 필요하지 않다.

누구도 일을 미루면서 마음 졸이는 걸 좋아하지 않는다. 망설이는 일들 상당수는 하고 싶은 마음이 마구 일어나는데도 행동에 나서는 것을 주저하게 되는 경우일지도 모른다.

해야 할 일을 뒤로 미루는 것은 우리 인생을 매우 피곤하게 만드는 일인데도 좀처럼 고쳐지지 않는다. 조금 귀찮은 일을 만나면 늘 "해야 한다는 건 알지만 그냥 나중에 하지, 뭐"라고 말하는 것이다. 이런 '뒤로 미루기' 오류지대는 주위를 탓하기도 어렵다. 미루는 것, 그래서 마음이 불편한 것 모두 내 잘못이니까.

뒤로 미루기는 어느 누구에게나 쉽게 존재하는 오류지대다. '나는 해야 할 일을 뒤로 미루는 사람이 아니다'라고 자신할 수 있는 사람은 정말이지 몇 안 된다.

다른 모든 오류지대와 마찬가지로 뒤로 미루는 것도 그 행위 자체에는 폐해라고 할 만한 게 없다. 사실 미룬다는 것 자체가 존재하지 않는다. 하면 하는 것이고, 하지 않는 것은 뒤로 미루는 게 아니라 그냥 하지 않는 것이다.

따라서 '뒤로 미루기' 오류지대는 실행하지 않는 데 딸려오는 불안한 마음과 무기력 상태가 노이로제로 나타나는 것이다. 만약 일을 미루고 나서도 죄책감이나 불안감, 초조함이 따르지 않고 마음이 편안하다면 모든 수단과 방법을 동원해 계속 그렇게 하기를 권한다. 그리고 이 장은 읽지 말고 그냥 넘겨도 된다. 그러나 대다수 사람들에게 미루기는 사실상 최고의 현실도피다.

막연한 희망과
실현 불가능한 바람

다음은 미적거리기에 일가견이 있는 사람들을 계속해서 미루는 행위에 빠지게 하는 3단계 심리 상태다.

"일이 어떻게든 잘 됐으면 좋겠어."

"일이 더 잘 되길 바랐는데."

"아마 잘 될 거야."

여기에 바로 뒤로 미루는 사람의 기쁨이 있다. '좋겠어' '바랐는데' '아마' 같은 말을 하는 한은 현재 어떤 일에 나서지 않는 데 대한 구실이 생긴다. 원하고 바라기만 하는 것은 시간 낭비이며, 동화 나라에서 사는 사람들이 저지르는 어리석은 짓이다.

아무리 원해도, 아무리 바라도, 저절로 이루어지는 일은 하나도 없다. 살아가면서 해야 할 중요한 일들을 소매를 걷어붙이고 도맡는 것으로부터 빠져나가기 위한 핑계다.

해내야겠다고 마음만 먹으면 무엇이든 해낼 수 있다. 당신은 강인하고, 능력 있고, 한 구석도 무른 곳이 없는 사람이다. 그러나 자꾸 나중으로 일을 미루다 보면 현실도피, 자기 불신, 그리고 가장 심각한 문제인 자기기만에 빠질 수 있다. 미루기의 오류지대는 내 안에 내재된 강인함을 못 본 척하며 앞으로는 상황이 나아질 거라는 막연한 희망으로 돌아서는 행동이다.

"기다리자. 그럼 좋아질 거야." 이렇게 중얼거리다 보면 계속 무기력하게 두 손 놓고 있게 된다. 이런 말이 자기의 생활방식이 되어버린 사람들도 있다. 늘상 '내일' 하겠다고 말하지만 그 '내일'이라는 것이 정녕 온 적이 있었던가.

마크라는 환자는 자신의 불행한 결혼생활을 하소연했다. 마크는 결혼한 지 30년 정도 된 50대 남성이었다. 그와 이야기를 나누어보니 결혼생활에 대한 불만의 골이 매우 깊어 보였다. 한번은 그가 "좋았던 적이 한 번도 없었어요. 처음부터 죽 그랬어요"라고 말했다. 나는 마크에게 도대체 왜 그 많은 세월을 참고 지냈느냐고 물어보았다. 그는 "상황이 나아질 거라는 막연한 희망을 놓지 못했죠"라고 털어놓았다. 마크와 그의 아내는 30년 가까이 그런 희망을 품고 살았지만 지금도 여전히 불행했다.

마크는 자신의 삶과 결혼생활에 대해 상담을 계속하면서 자신이 발기부전이 된 지 10년도 넘었다는 사실을 실토했다. 나는 그 문제를 해결하기 위해 도움을 구해본 적이 있느냐고 물었지만 없었다고 했다. 문제가 저절로 사라지기만을 바라며 성생활을 피하기만 했다. 마크는 "난 분명 상황이 나아질 거라고 생각했어요"라며 처음에 했던 말만 되풀이했다.

마크와 그의 결혼생활은 무기력증의 전형적인 예다. 그는 "기다리면서 그럭저럭 지내다 보면 어떻게든 될 거야"라며 문제를 기피하는 자신을 정당화했던 것이다.

그러나 일이 저 스스로 해결되는 법은 없다. 마크는 이것을 깨달았다. 상황이 꿈쩍도 하지 않고 한 치의 움직임도 없이 그 자리 그대로였기 때문이다. 상황은 변할 수는 있지만 좋아지지는 않는다. 상황 그 자체, 다시 말해 형편, 입장, 일어난 일, 사람은 저절로 좋아지는 법이 없다. 내 삶이 잘 풀리고 있다면, 그것은 내가 그렇게 하기 위해 건실한 노력을 기울이고 있기 때문이다.

그럼 이 뒤로 미루기 오류지대를 없앨 수 있는 다소 손쉬운 방법에 대해 이제부터 자세히 알아보자. 미루기는 호된 '정신 수양'이 없더라도 청산할 수 있는 오류지대다. 왜냐하면 뒤로 미루는 행동은 다른 오류지대들의 대표적 특징인 문화적 되새김질을 거치지 않고 자기 멋대로 만들어낸 오류지대이기 때문이다.

뒤로 미루는 것은
오늘을 잡아먹는 행위다

도널드 마르퀴스Donald Marquis는 뒤로 미루는 행위를 '어제를 따라잡는 기술'이라고 표현했다. 여기에 나는 '오늘을 회피하는 기술'이라는 말을 덧붙이고 싶다. 뒤로 미루기는 바로 그렇게 작용한다.

누구나 하고 싶은 일들이 있게 마련이다. 다른 사람이 시켜서가 아니라 스스로 하고 싶은 일들 말이다. 하지만 그런 일들 가운데 상당수는 마음속으로는 '해야지, 해야지' 하면서도 절대 행동으로 옮겨지지 않는다. 지금 할 수 있는 어떤 일을 나중에 하겠노라 결심하는 것은 '즐거운 바꿔치기'다. 지금 실행하는 대신 결심을 하는 것이다. 지금 바로 하지 않는다고 해서 자신과 타협하는 것은 아니라고 스스로를 속일 수 있으니까.

뒤로 미루는 행위는 다음과 같은 편리한 변명을 함께 늘어놓는다.

"그 일을 해야 한다는 건 알고 있어. 하지만 혹시라도 잘하지 못할까 봐, 혹은 싫어하게 될까 봐 걱정이야. 그러니까 나중에 할 거라고 나 자신에게 말하고 있는 거야. 그러면 그 일을 할 생각이 없다는 걸 인정하지 않아도 되니까. 그리고 이런 식으로 나 자신을 받아들이는 게 훨씬 속 편해.”

이것은 마음이 동하지 않는 일이나 어려운 일을 해야 하는 상황에 부딪혔을 경우 활개를 치는 말도 안 되지만 편리한 논리다.

만약 현재 고수하고 있는 삶의 방식과 앞으로 살아가겠다고 말하는 삶의 방식이 다르다면 그 말은 공허한 메아리다. 항상 미루기만 할 뿐 절대 실행하는 법은 없는 사람일 따름이다.

물론 뒤로 미루는 행위에도 정도의 차이는 있다. 어느 시점까지 일을 미루고 있다가 막판에 후다닥 마무리 지을 수도 있다. 하지만 여기에는 흔히 있을 수 있는 유형의 또 다른 자기기만이 있다. 어떤 일을 하는 데 절대적으로 최소한의 시간만을 자신에게 허용한다면 시원찮은 결과가 나오거나 뛰어난 실력을 발휘하지 못해도 “시간이 부족해서”라는 말로 둘러댈 수 있는 것이다.

그러나 사실 시간은 충분했다. 아무리 바빠도 일을 척척 해내는 사람들이 있다는 걸 잘 알고 있지 않은가. 왜 이렇게 할 일이 많은 거냐고 푸념하면서 미적대면 정작 실행을 하기 위한 바로 그 순간은 없어져버리게 된다.

내 동료 가운데 한 사람은 뒤로 미루기 전문이었다. 그는 늘 분주하게 이런저런 일들을 쫓아다녔고 해야 할 일이 산더미 같다고 투덜거리곤 했다. 그 친구가 말을 꺼내면 옆에서 듣는 사람들까지 그의 삶의 속도를 상상하며 피곤해질 정도였다.

그러나 실상을 뜯어보면 그는 실제로 하는 게 거의 없었다. 그는 질리도록 많은 계획을 머릿속으로 생각만 하고 있었을 뿐 어느 것 하나 제대로 파고드는 건 없었다.

나는 그가 밤마다 '내일은 꼭 이 일을 마쳐야지'라고 다짐하면서 스스로를 속이다가 꾸벅꾸벅 조는 모습이 상상이 된다. 그가 계속 자신을 온전히 속이면서 곯아떨어질 수 있는 방법이 그것 말고 또 뭐가 있겠는가. 어쩌면 그는 다음날이 되어도 실행에 나서지 않을 것이라는 사실을 스스로도 알고 있었는지 모른다. 그러나 그가 나중에 하겠다고 맹세하고 있는 한 당장은 안심인 셈이다.

우리의 말과 행동이 늘 일치하지는 않는다. 그래서 말보다는 행동이 그 사람을 비추는 훨씬 좋은 거울이다. 현재의 행동이야말로 나의 됨됨이를 나타내는 유일한 잣대다. 에머슨은 이렇게 말했다.

말을 앞세우지 말라. 그러는 사이 당신의 진짜 모습이 드러나 버린다. 그리고 그 모습은 우레와도 같아서, 사실은 그렇지 않다고 말하는 당신의 말소리가 들리지 않게 만든다.

뒤로 미뤄 버릇하는 것은 실행을 회피하기 위해 써먹는 하나의 기술이다. 실행하지 않는 사람은 비평가인 경우가 많다. 멀찌감치 뒷짐 지고 앉아 행동하는 사람을 지켜본 다음, 그 사람의 행동에 대해 감 놔라 대추 놔라 참견하기 일쑤다. 비평가가 되기는 쉽지만 행동가가 되기 위해서는 남다른 노력과, 위험을 무릅쓰는 용기와, 자신을 변화시킬 의지가 필요하다.

우리 문화는 비평가 천지의 문화다. 심지어는 돈을 내고 비평가의 말을 듣기도 한다.

자신과 주위 사람들을 돌아보라. 여럿이 모이기만 하면 이내 이러 쿵저러쿵하면서 정신을 쏟는 경우가 얼마나 많은지. 대체 왜 그럴까? 직접 하기보다 다른 사람이 어떻게 하는가를 두고 평가하는 게 훨씬 쉽기 때문이다.

얼마간 두각을 나타냈던 뛰어난 인물들을 주목하라. 이를테면 미국의 야구 선수 행크 에런Henry Louis Aaron, TV 프로그램 사회자 자니 카슨Johnny Carson, 체스 플레이어 보비 피셔Bobby Fisher, 영화배우 캐서린 헵번Katharine Hepburn, 권투 선수 조 루이스Joe Louis 같은 사람들 말이다. 그들은 내로라하는 행동가들이다. 어느 모로 보나 승자들이다. 그들이 빈둥거리고 앉아 다른 사람들에 대해 혹평을 일삼는가?

이 세상의 진정한 행동가들에게는 남에 대해 이러쿵저러쿵할 시간 따위는 없다. 행동하느라 눈코 뜰 새 없기 때문이다. 그들은 행동으로 보여준다. 비교적 재능이 없는 사람들을 도마 위에 올려놓고 비평하기보다는 그를 돕고자 한다.

건설적인 비평은 유용할 수 있다. 그러나 행동가가 아닌 관찰자의 역할을 택하면 성장할 수 없다. 뿐만 아니라 종종 그것을 부정적으로 이용하기도 한다. 노력하는 사람들을 헐뜯다 보면 자신의 무력함에 대해 너그러워진다. 남의 흠을 잡는 사람, 스스로 비평가라 칭하는 사람들의 말에 귀를 기울일 필요는 없다. 또한 나에게도 그런 비평가 기질이 있음을 인정하도록 하자. 그리고 그런 성향을 자신에게서 완전히 몰아내겠노라 결심하자. 그렇게 하면 말만 앞세우는 비평가가 아닌 행동가가 될 수 있다.

　인생은 결코 따분하지 않지만 따분함을 굳이 택하는 사람들이 있다. 따분함이라는 것은 현재를 나름대로 만족스럽게 보낼 수 있는 능력이 없다는 것을 말한다.

　따분함은 선택이다. 다시 말해 내가 스스로 자초하는 것이다. 따라서 의지가 있다면 내 삶에서 충분히 몰아낼 수 있는 하나의 습관인 것이다.

　뒤로 미루는 것은 아무것도 하지 않는 대가로 현재를 내놓는 행위다. 아무것도 하지 않으면 따분해지는 것은 당연한 일 아닌가. 사람들은 따분함을 주위 탓으로 돌리곤 한다. "이 동네는 정말 따분해"라든가 "저 연사 한번 따분하군" 하는 식이다. 그러나 따분한 마을이나 연사 같은 것은 없다. 따분하게 느끼는 것은 바로 자신이다. 마음가짐에 따라 얼마든지 따분해지지 않을 수 있으니까.

　영국의 소설가 새뮤얼 버틀러Samuel Butler는 "따분하게 느끼도록 스스로를 내버려두는 사람은 따분하게 만드는 사람보다 더 불쌍한 사람들"이라고 말한 바 있다. 지금 당장 자신이 원하는 것을 실행하거나 창의적이고 새롭게 머리를 쓰면 따분함을 선택할 일은 절대 없을 것이다. 선택은, 언제나 그렇듯, 나에게 달려 있다.

뒤로 미루는 사람의 증상

실제 행동에 나서기보다 뒤로 미루는 편이 훨씬 손쉬운 상황의 예를 몇 가지 들어보겠다.

- 빼도 박도 못 하고 있는 상태로 더 이상 발전이 없다고 생각하는 직장에 계속 다닌다.
- 데면데면해진 관계에 매달린다. 결혼생활을 계속하며 혹은 아예 결혼하지 않으며 그저 상황이 나아질 거라고 바라고 있을 뿐이다.
- 성관계, 부끄러움, 공포 등 대인 문제에 노력을 기울이지 않는다. 건실한 노력은 해보지도 않고 그런 문제들이 저절로 개선되기를 마냥 기다린다.
- 술, 약물, 흡연 등 중독 문제를 해결하지 않는다. "마음만 먹으면 끊을 수 있어"라고 말하지만 정말 그럴 수 있을지 확신이 없기 때문에 뒤로 미루고만 있다.
- 청소, 수리, 바느질, 잔디 깎기, 페인트칠 등 험하고 생색 안 나는 일을 차일피일 미룬다. 그나마 그런 일들을 해치워야 한다는 생각이 드는 사람에 해당되는 얘기다. 오래 기다리다 보면 일이 저절로 되어 있을 것이라 생각한다.
- 터전을 바꾸는 것을 두려워한다. 평생 이사 가지 않는다.
- 할 일이 너무 많다, 중요한 일들 때문에 꼼짝할 수 없다면서 자녀와의 하루 또는 한 시간을 뒤로 미룬다. 어쩌면 자신도 즐겁다고 느낄

지도 모를 일. 마찬가지로 사랑하는 사람과 저녁 외식이나 영화, 스포츠 경기 관람을 함께하기 위해 시간을 내지 않는다. "난 바빠"라는 말을 입에 달고 다니면서 그런 일을 끝도 없이 뒤로 미룬다.

- 내일이나 다음 주에 다이어트를 시작하겠다고 결심한다. 다이어트를 하는 것보다 미루는 것이 훨씬 쉽기 때문에 "'내일'시작할 거야"라고 말하는 것이다. 물론 그 '내일'은 영영 오지 않는다.

- 졸리고 피곤하다며 일을 뒤로 미룬다. 거북하거나 어려운 일을 시작하려면 얼마나 피곤할까 하는 생각이 드는가? 약간만 피곤해도 그야말로 멋진 미루기의 방편이 된다.

- 걱정스럽고 성가신 일에 부딪힐 때 몸이 아프다. 이렇게 몸이 안 좋은데 어떻게 지금 그 일을 할 수 있느냐는 식. 위에 든 피곤함의 예와 마찬가지로 몸 상태가 좋지 않다는 것도 미루기 위한 훌륭한 구실이다.

- 다른 사람의 행동에 대해 비평가 노릇을 하면서 실은 하고 싶은 생각이 없는 자신의 본심을 감춘다.

- 몸에 어떤 이상 징후가 느껴질 때 건강 검진을 받지 않는다. 뒤로 미루면 병에 걸렸을지도 모르는 현실에 지금 당장은 직면하지 않아도 되니까.

- 호감을 느끼는 사람에게 접근하기를 두려워한다. 마음속으로는 그러고 싶지만 그냥 기다리다 보면 저절로 잘 되겠거니 하고 생각한다.

- 살아가면서 곧잘 따분해진다. 이것 역시 어떤 일을 미루기 위한 방

편이다. 모두 따분한 일들뿐이라며 재미있을지도 모르는 일에 달려
들지 않고 잔뜩 몸을 사린다.

- 평생을 자녀를 위해 헌신하고 자신의 행복은 항상 뒷전이다. "애들
  교육 걱정을 해야 할 판에 어떻게 여행 갈 생각을 할 수 있겠는가?"
  라는 식이다.

뒤로 미루는 행위를 정당화하는 근거의 3분의 1은 자기기만, 3분의
2는 현실도피다. 미루기에 매달림으로써 얻을 수 있는 가장 큰 보상
은 뒤로 미루다 보면 하기 싫은 일을 분명 회피할 수 있다는 것이다.
또한 자기기만에 빠져 있으면 마음이 편안해진다. 자신에게 거짓말을
하고 있으면 현재 자신이 행동가가 아니라는 사실을 인정하지 않아도
되니까. 일을 계속 뒤로 미루는 한 언제까지고 현상유지를 할 수 있다.
따라서 변화와 변화에 수반되는 모든 위험을 감수하지 않아도 된다.
미루고 있으면 다른 사람이 자기 대신 그 일을 할 수도 있다. 이런 경
우 미루기는 다른 사람을 조종할 수 있는 수단이 된다.

미루는 사람에서 행동하는 사람으로

그렇다면 지금부터는 자기실현의 오류지대에서 벗어나기 위한 첫
발을 내디뎌보자.

- 5분 단위로 생활할 것. 일을 너무 멀리 생각하지 말고 지금 당장에 필요한 일을 하면서 5분 단위를 최대한 활용할 것. 만족을 가져다줄지도 모르는 일을 미루지 말라.

- 지금 당장 앉아 지금껏 미뤄왔던 일을 시작해볼 것. 편지 쓰기나 책 읽는 일부터. '괜히 미뤄왔다'는 생각이 드는 경우가 태반일 것이다. 일단 시작해보면 그 일에서 재미를 느낄 가능성이 매우 크다. 시작하는 것만으로도 그 일에 대해 품고 있던 불안이 사라질 테니.

- "미루고 있는 일을 지금 실행에 옮길 경우 내게 일어날 수 있는 최악의 상황이 무엇인가?" 자문해볼 것. 대체로 그 답은 별게 없을 것이기 때문에 곧장 행동에 나설 수 있다. 무엇을 두려워하는지 파악하면 그 두려움에 얽매일 이유가 사라진다.

- 시간을 정해 당신이 미뤄오고 있는 일에만 전념해볼 것. 15분간 집중된 노력을 기울이는 것만으로도 미루기의 고비를 넘기기에 충분한 경우가 많다는 것을 알게 될 것이다.

- 현재의 당신을 유심히 들여다볼 것. 지금 이 순간 무엇을 기피하려 드는지 확실히 하고, 과연 내가 효율적으로 해나갈 수 있을까 하는 불안한 마음을 떨쳐버리도록 하라. 미루는 행동은 현재를 아직 일어나지 않은 일에 대한 불안으로 가득 채운다. 바꿔 말하면 당신이 지금 그 일을 한다면 그 불안은 당연히 사라진다.

- 자신의 삶을 찬찬히 들여다볼 것. 그리고 자신이 6개월 시한부 인생을 살고 있다고 가정해보자. 지금 하고 싶은 일을 하고 있는가? 그렇지 않다면 지금 당장 하고 싶은 일을 시작하라. 상대적인 관점에

서 보면 6개월 시한부 인생이란 말이 틀린 것도 아니기 때문이다. 망망한 시간의 바다 앞에서는 30년이나 6개월이나 크게 다르지 않다. 인생 전체가 한 점에 지나지 않다. 무엇이건 미룬다는 것은 바보 같은 짓이다.

- 잠자리에 드는 바로 그 순간까지 피곤에 자기 자신을 내주지 말 것. 피곤이나 병을 핑계 삼아 어떤 일을 회피하거나 미루는 것을 스스로에게 허용하지 말라. 아프거나 피곤한 이유를, 다시 말해 일을 회피하고 싶은 마음을 다스리면 병이나 피곤이 마술처럼 사라진다.

- 입버릇처럼 붙은 "아마" 또는 "좋겠어" "바랐는데" 같은 말을 집어치울 것. 그런 말들은 미루는 습관을 위한 도구들이다. 만약 그런 말이 입안에서 튀어나오려 할 때면 참신한 말로 바꿔보라. "일이 어떻게든 잘 됐으면 좋겠어"를 "일이 잘 되게 해보겠어"로, "일이 더 잘 되길 바랐는데"를 "이제 이렇게 하면 꼭 잘 될 거야"로, "아마 잘 될 거야"를 "하면 잘 될 거야"로 바꿔라.

- 스스로에 대한 불평이나 다른 사람을 비난한 행동에 관한 일기를 쓸 것. 이런 메모에는 두 가지 효과가 있다. 하나는 나의 비판적 태도가 생활에 어떻게 드러나는가, 다시 말해 비평가 노릇을 한 경우의 빈도, 양상, 상황, 사람에 대해 알 수 있다. 또 하나는 스스로 비판하는 일을 그만둘 수 있다. 자신의 비난 행위에 대해 적어야 한다는 일이 이만저만한 고역이 아닐 테니까.

- 다른 사람들과 관련된 일, 예를 들어 이사, 성 문제, 새 직장을 뒤로 미루고 있다면 관계된 모든 사람들과 대화를 나누고 그들의 의견을

구할 것. 용기를 내어 자신이 품고 있는 불안에 대해 말하고, 나만 알고 있는 이유 때문에 그 일을 미루고 있는 것은 아닌지 확인한다. 마음을 터놓고 지내는 이에게 뒤로 미루는 습관을 고칠 수 있도록 도와달라고 부탁해 공동 노선을 펼쳐라. 그 문제를 공유하는 것만 으로도 뒤로 미루는 습관의 단짝인 불안을 대부분 떨칠 수 있을 것 이다.

- 마음은 굴뚝같지만 차일피일 미루고 있는 약속을 곧 실천에 옮기겠 다는 내용을 담은 서약서를 가족이나 애인과 함께 쓸 것. 서로 한 부 씩을 갖고 있고 그 내용을 어길 시의 벌칙도 정하라. 그 약속의 내용 이 야구 경기 관람이건, 외식이건, 휴가건, 영화 관람이건 간에 이 방법은 효과적일 뿐만 아니라 가슴 뿌듯함을 안겨주기까지 할 것이 다. 그 일을 함께하면서 나도 분명 즐거움을 느끼게 될 테니까.

세상이 변하기를 바란다면 세상에 대해 불평하지 말라. 무언가를 하라. 자꾸 미적거리는 버릇 때문에 갖가지 불안과 고민을 끌어안고 살면서 현재의 순간들을 소모하지 말고, 그 짜증나는 오류지대를 통 제하여 현재를 살아라! 몽상에 빠지거나 요행을 바라거나 비판을 즐 기는 사람이 아닌 행동하는 사람이 되라.

아홉 번째 마음가짐

다른 사람에게 의존하지 않는다

어떤 관계든, 두 사람이 하나가 되는 관계는
결국 반쪽의 두 사람이 한데 모인 것이다.

심리적 둥지를 떠나는 것은 인생에서 가장 어려운 일 가운데 하나다. 의존이라는 독사는 별의별 방법을 다 동원해 우리의 삶에 기어들어 온다. 그 독사를 다른 방향으로 완전히 내모는 일은 갈수록 힘들어지고 있다. 다른 이의 의존심에서 득을 보고 있는 사람들이 수두룩하기 때문이다.

정신적 자립이란 온갖 의무 관계, 그리고 타인의 지시를 받아서 행동하는 일에서 온전히 자유롭다는 것을 의미한다. 다시 말해 그런 의무 관계가 없었더라면 아무래도 하지 않았을 일에 등을 돌릴 수 있다는 의미다. 둥지를 떠나는 일이 특히나 힘든 이유는 부모, 자녀, 권위적 인물, 애인 등 각별한 인간관계에서 기대되는 바에 어긋나서는 안 된다는 사회의 가르침 때문이다.

둥지를 떠나는 것은 자기 자신을 찾는 것, 그리고 자신이 원하는 방식대로 행동하며 살아가는 것을 의미한다. 그러나 어떤 식으로든 단절을 의미하지는 않는다. 만약 다른 사람과 어우러지는 자기 나름의 방식을 즐기고, 또 그것이 자기의 목표에도 어긋나지 않는다면 그 방식은 소중히 간직되어야 하며 정녕코 바꿀 필요가 없다.

반면 정신적 의존이란 자신에게 선택권이 전혀 주어지지 않는 관계, 그리고 자신이 하고 싶지 않은 일을 강요당하는 관계를 맺고 있는 것을 의미한다. 즉 하기 싫은 일을 억지로 하면서 그 상황에 화가 치미는 상태다. 이것이 바로 의존이라는 오류지대의 알맹이며, 3장에서 살펴본 다른 사람의 눈치를 살피는오류지대와 비슷한 부분이다.

인간관계를 원하는 것이 잘못됐다고 말하는 게 아니다. 다만 그 관계가 강제적인 것이라면, 그리고 그 결과 화가 치민다면 당신은 제 무덤을 파고 있는 것이다. 요컨대 문제는 그 관계 자체가 아니라 의무다. 의무는 죄책감과 의존을 낳는 반면, 선택은 사랑과 자립을 키운다. 정신적으로 종속된 관계에서는 선택권이 없다. 결과적으로 그렇게 매어 있는 관계에서는 늘 분노와 가슴의 응어리만 쌓일 뿐이다.

정신적 자립은 반드시 다른 사람을 필요로 하지 않는 것이다. 필요로 하지 않는 것이지 원치 않는 것은 아니다. 반드시 누군가를 필요로 하는 순간, 우리는 유약해지고 노예가 된다. 내가 필요로 하는 사람이 내 곁을 떠나거나 변심하거나 죽는다면 아무 일도 손에 잡히지 않는 상태가 되거나 나락으로 빠지게 되거나 심지어는 죽음에 이를 수밖에 없다.

그러나 사회는 부모를 비롯해 무수히 많은 사람들에게 정신적으로 의존하라고 가르친다. 따라서 아직도 우리는 중요하다고 생각되는 많은 인간관계 속에서 입을 벌리고 먹이가 떨어지기를 기다리고 있을지 모른다. 어떤 인간관계에서 내가 기대되는 어떤 일을 반드시 해야 한다고 느낀다면, 그리고 그 일을 하고 있으면 화가 나고 하지 않으면 자책감이 느껴진다면 반드시 제거해야 할 오류지대에서 살아가고 있는 것이다.

의존에서 벗어나는 일은 가정에서, 그리고 어렸을 적 부모가 나를 대했던 방식이나 내가 현재 자녀를 대하고 있는 방식에서 출발한다. 우리는 자신을 정신적으로 누군가에게 예속시키는 말들을 얼마나 많이 되뇌고 있는가? 또는 우리 자녀에게 그런 말들을 얼마나 많이 강요하고 있는가?

자녀는 소유물이 아니다

미국의 엔터테인먼트 회사 월트디즈니는 〈곰의 나라Bear Country〉라는 매우 훌륭한 영화를 제작한 적이 있다. 아기 곰이 생후 몇 달 동안 어미 곰과 함께 지내는 이야기를 엮은 작품이다.

어미 곰은 아기 곰들에게 사냥하는 법, 물고기 낚는 법, 나무 타는 법을 가르친다. 위험에 부닥쳤을 때 몸을 지키는 법도 가르친다. 그러던 어느 날 어미 곰은 본능적으로 아기 곰들 곁을 떠날 때라고 판단한다. 어미 곰은 아기 곰들을 나무 위로 쫓은 뒤 뒤도 돌아보지 않고 떠난다. 영영! 어미 곰은 자신이 어미로서 할 일을 다 했다고 생각한 것이다. 어미 곰은 격주 토요일마다 집에 다녀가라고 종용하지도 않았다. 배은망덕하다고 꾸짖지도 않았으며, 실망시키면 너무 속상해 몸져누울 것이라고 으름장을 놓지도 않았다. 그저 떠나라고 했을 뿐이다.

동물의 왕국 어디에서든 어미 노릇이란 새끼들이 자립하는 데 반드시 필요한 기술을 가르친 뒤 새끼 곁을 떠나는 것을 의미한다. 우리 인간들도 마찬가지로 자립 본능은 갖고 있지만, 자식을 소유하고 자신의 삶의 보람으로 여기는 집착에 가까운 욕구가 더 우세한 듯싶다. 그리고 자녀가 홀로 설 수 있도록 키우겠다는 목표는 자녀가 자신에게 의지하기를 바라는 마음 앞에서 힘을 잃는다.

아이들은 역할모델의 행동에서 배운다. 부모 자신은 자책감으로 가득 차고 충실하지 못한 삶을 살아가면서 아이들에게는 그래서는 안 된다고 말한다면 흠집이 난 제품을 팔고 있는 것과 뭐가 다르겠는가. 만약 부모가 자긍심 낮은 사람의 모습을 보인다면 자녀들에게도 그런 사람이 되라고 가르치는 것이다.

무엇보다 중요한 것이 있다. 만약 부모가 자녀를 자신보다 더 중요하게 여긴다면 그 부모는 전혀 도움이 안 되는 부모라는 사실이다. 이는 자녀들에게 자신보다 다른 사람을 우선시하도록, 그리고 역량을 제대로 발휘하지 못한 채 골방만 차지하도록 가르치고 있는 셈이기 때문이다. 이 얼마나 얄궂은 일인가.

자신감이란 물건처럼 손으로 건네질 수 있는 게 아니다. 자녀들은 자신감 넘치는 부모를 바라보고 직접 체득해야 한다. 부모도 자기 자신을 가장 소중하게 생각하고, 자녀들을 위해 늘 스스로를 희생하지는 않음으로써 자녀들이 자신감을 갖도록 가르쳐야 한다. 자신을 항상 희생하는 부모는 희생적 태도의 본보기밖에 안 된다.

그렇다면 희생적 태도란? 다른 사람을 자신보다 우선시하고 자신을 좋아하지 않으며 다른 사람의 눈치를 살피는 등의 오류 행위를 하는 것을 말한다. 다른 사람을 위한 행동은 높이 살 만한 것이지만 자신을 희생하면서까지 그런 행동을 한다면 자신도 모르게 화가 치미는 것을 가르치게 될 뿐이다.

아이들은 본래 자신의 일은 자신이 알아서 하고 싶어 한다. "내가 할 거야!" "그것 봐, 엄마. 도와주지 않아도 난 할 수 있어" "내가 먹을 거야" 등등. 끝도 없이 그런 신호를 보낸다. 어린 시절에는 의존도 많은 법이지만 출생하는 그 즉시 자율에 대한 고집 역시 뚜렷이 나타난다.

네 살배기인 록산은 다치거나 기댈 곳이 필요하면 언제든 어머니와 아버지에게 달려갔다. 여덟 살, 열 살이 되어서도 마찬가지였다. "내 코트 단추는 내가 채울 거야!"처럼 자신이 다 컸다고 생각해주길 바라는 반면 "이것 봐, 엄마. 무릎이 까져서 피가 나"와 같이 자신을 보살펴주는 부모에게 기대고 싶어 했다. 록산의 자아상은 부모 등 자신의 인생에서 중요한 의미를 갖는 사람들을 바라보면서 자라나고 있었다.

어느덧 록산은 열네 살이 되었다. 록산은 남자친구와 싸우고 집에 울면서 돌아왔다. 자기 방으로 뛰쳐 들어가 문을 꽝 하고 사정없이 닫았다. 어머니가 와서 엄마들 특유의 말투로 무슨 일인지 말해보라고 했다. 그러나 록산은 다부지게 "말하고 싶지 않아요. 혼자 있고 싶어요"라고 말했다.

어머니는 이 별것 아닌 사건에 이루 말할 수 없는 서운함을 느꼈다. 자신이 이제껏 훌륭한 엄마였다는 것도 잊어버렸다. 문제가 생기기만 하면 쪼르르 달려와 구구절절 늘어놓던 록산이 이제 스스로 고민을 해결하려 하고 정신적으로 홀로 서려 한다는 증거였는데 그녀는 록산을 자립시킬 마음의 준비가 안 돼 있었다.

자녀가 부모라는 둥지를 떠나려는 욕구는 매우 강하다. 그러나 소유와 희생이 가정이라는 기계의 윤활유 역할을 해온 경우라면 둥지를 떠나는 그 자연스러운 행동은 한 가정을 발칵 뒤집는 엄청난 것이 된다. 정신적으로 건전한 분위기 속에서 둥지를 떠나는 것은 위기도 혼란도 아니다. 제대로 살고 있다면 자연스러운 결과다. 가정이 자녀의 성장 과정에 중요한 영향을 미치는 단위인 것은 틀림없지만 영속적인 단위가 되어서는 안 된다.

가족 구성원 한 사람 한 사람이 자립을 찾아 나설 때 자책감을 일으키거나 정신적인 짐을 지워서도 안 된다. "내 자식이니까 내 맘대로 할 수 있어"라고 말하는 부모도 있다. 그러나 그렇게 폭력적인 태도를 내세워 돌아오는 보상이 무엇일까? 자녀가 성장해서 품게 되는 증오, 분노, 화, 초조한 죄의식뿐이다.

　의무나 책임감이 따르지 않는 바람직한 부모 자식 관계를 살펴보면 부모가 자녀를 친구처럼 대하고 있음을 알 수 있다. 아이가 식탁에서 케첩을 흘렸을 때 "넌 도대체 왜 그 모양이니, 칠칠치 못하게"라고 말하지 않는다. 친구가 뭔가를 흘렸을 때 보이는 바로 그런 반응을 보인다. "괜찮아?" 소유물 다루듯 함부로 대하는 게 아니라 아이의 인격을 존중하는 것이다. 바람직한 부모는 의존보다 자립을 키우며 자립하고자 하는 정상적인 욕구에 울고불고하며 난리를 부리지 않는다.

자신의 행복이 우선이다

　둥지를 떠나는 일을 북돋워주는 가정에서는 자녀의 홀로서기 시도가 부모의 권위에 대한 도전이 아니라 정상적인 행동으로 받아들여진다. 부모에게 딱 들러붙어 있는 일도, 부모가 없으면 아무것도 못 하는 일도 없다. 부모 역시 가족의 한 사람이라는 이유만으로 자녀에게 영원한 충성 맹세를 요구하지도 않는다. 그 결과 가족들은 의무감에서가 아니라 마음으로부터 함께 있고 싶어 한다. 또한 모든 것을 함께해야 한다고 요구하기보다 개인생활을 존중해준다.

　이런 가정에서는 여성도 엄마와 아내의 역할을 넘어선 자신만의 생활이 있다. 오로지 자녀를 위해 또는 자녀를 통해 자신의 삶을 살아가는 것이 아니라 자녀에게 제대로 잘 살아가는 본보기를 보인다. 그런 부모는 자기 자신의 행복을 최우선으로 생각한다. 그러지 않으면 가정의 화목도 있을 수 없기 때문이다. 가끔 자녀를 동반하지 않고도 외출을 하기 때문에 늘 아이들 때문에 집에 갇혀 있다고 생각하지도 않는다.

이런 가정에서는 부모가 자녀에게 의존이나 책임감을 종용하지 않는다. 자책감을 자극하거나 윽박지르는 등 교묘한 조종 수단도 부리지 않는다. 성장한 자녀가 의무적으로 집에 들르길 바라지도 않는다. 자신들의 인생을 의미 있게 보내느라 너무도 분주한 나머지 빈둥거리고 있다가 자녀나 손자들이 찾아와 삶의 낙을 제공해주길 기다릴 틈이 없다.

이런 부모는 자신감과 자긍심을 키우려면 '젊어 고생은 사서도 한다'는 것을 알고 있기에 자기가 겪었던 어려움을 어느 것 하나 굳이 피하게 해서는 안 된다고 생각한다. 자녀가 그런 귀중한 경험을 할 수 있는 기회를 애써 빼앗지 않는 것이다.

그런 부모들은 혼자의 힘으로 어려움을 헤쳐나가고자 하는 자녀의 욕구를 바람직하게 여기면서 꺾어서는 안 된다고 생각한다. 다만 그 과정에서 도움을 줄 뿐 극성 부모로서의 횡포를 부리지 않는다.

헤르만 헤세는 『데미안』에서 자립에 이르는 여러 가지 과정에 관해 이렇게 쓰고 있다.

누구나 한번은 부모나 스승으로부터 떨어져 나오는 걸음을 내딛지 않으면 안 된다. 누구나 고독의 쓰라림을 얼마간 느끼지 않으면 안 된다. (…) 부모님과 그 세계로부터, 아름다운 유년의 '밝은' 세계로부터 떨어져 나오기 위해 나는 격렬하게 몸부림치지 않았다. 서서히, 그리고 거의 깨닫지 못하는 사이 멀어졌다. 그것은 나를 슬프게 했고, 집에 가 있을 동안 마음 편치 않은 시간들이 많았다.

부모로부터 자립하고자 하는 마음의 심지를 잘 잡으면 부모 집에 들르는 일이 늘 즐겁게 느껴질 수 있다. 반면 스스로를 자랑스러워하고 소중히 여기는 모범을 자녀에게 보인다면 자녀가 둥지를 떠날 때 주위 사람들에게 한바탕 소란이나 마음의 상처를 안겨주지 않을 것이다.

미국의 소설가이자 수필가인 도로시 캔필드 피셔Dorothy Canfield Fisher 는 『며느리Her Son's Wife』에서 어머니의 역할을 한 문장으로 완벽하게 요약했다.

어머니는 기대야 할 존재가 아니라 기대는 것을 불필요하게 만들어 주는 존재다.

그렇다. 부모는 자녀가 둥지를 떠나는 일을 의당 거쳐야 할 자연스러운 일이 되게 할 수도 있고 서로에게 지워지지 않는 마음의 상처를 남기는 '사건'이 되게 할 수도 있다. 그러나 부모 역시 한때는 자녀였다. 만약 그때 의존심을 배웠다면 어쩌면 결혼을 한 후에는 그 자리에 배우자에 대한 의존심을 들여놓았을지도 모른다.

의존이 아닌 독립, 지배가 아닌 평등

결혼에 관한 유명한 어록을 남기고 있는 미국의 저술가 루이스 앤
스패처Louis Anspacher는 이렇게 말했다.

결혼이란 평등한 자립과, 상호 의존과 상호 보완적인 의무로 맺어진
남녀 간의 관계다.

이 글귀 안에는 의존과 의무라는 귀에 거슬리는 낱말 두 개가 있다.
바로 현대사회의 결혼 현실과 이혼율의 현주소를 설명해주는 말이다.
결혼이라면 고개부터 가로젓는 사람들이 태반이며, 꾹꾹 참고 살든
이혼을 하든 상처를 안고 살아가기는 마찬가지인 현실 말이다.

책의 앞부분에서도 설명했듯이 사랑을 바탕으로 한 관계는 부부가
서로에게 기대나 요구를 하지 않고 원하는 바대로 살아갈 수 있도록
허락하는 관계다. 서로를 지극히 사랑한 나머지 자신을 위해 선택하
지 않은 일을 상대방에게 결코 기대하지 않는 두 사람이 결합한 관계
일 따름이다. 결혼은 의존이 아닌 독립을 바탕으로 한 결합이다. 그러
나 우리 문화에서 그런 류의 관계는 흔치 않다. 아니, 흔치 않다는 표
현이 무색할 정도로 거의 비현실적이기까지 하다.

사랑하는 이와의 결합에서 각자가 원하는 것은 무엇이든 할 수 있다고 생각해보라. 그리고 이번에는 대다수 결혼생활의 현실을 떠올려보라. 어쩌다 그토록 끔찍한 종속 관계가 슬금슬금 기어들어 이 지경이 되고 말았을까?

대다수의 사람들의 결혼생활을 옭아매고 있는 실이 있다. 바로 지배와 복종의 실이다. 더러는 역할이 바뀌기도 하고 각각의 상황에 따라 사뭇 다른 양상을 보이기도 하지만, 그 실은 어김없이 존재한다. 결혼생활에 충실하겠다는 이유로 배우자를 지배하기 때문이다.

서로 복종보다 자립을 키우는 데 많은 관심을 기울여주면서도 행복을 공유하는 두 자립심 강한 사람에게 결혼생활은 가슴 부푼 전망을 제시한다. 그러나 두 사람이 하나로 합쳐지려 하거나 한쪽이 다른 한쪽을 어떤 식으로든 지배하려 든다면 우리 모두의 가슴 속에 담겨 있는 불씨는 가장 훌륭한 인간의 욕구 가운데 하나인 자립을 얻기 위한 투쟁에 나선다.

오래 함께 살았다고 성공적인 결혼생활이라고 할 수는 없다. 많은 사람들이 미지의 삶이 두려워, 혹은 만사가 귀찮아, 또는 단지 의무라서 결혼생활을 유지한다. 양쪽 모두 진정한 사랑을 느끼는 성공적인 결혼생활에서는 서로를 지배하기보다 상대가 원하는 것을 기꺼이 할 수 있게 해준다. 끝도 없이 상대방을 생각해주고 대변해줘야 할 번거로움도 없고, 응당 해야 할 일을 하라고 요구하는 일도 없다. 의존은 행복한 결혼이라는 낙원에서 뱀과 같은 존재다. 의존은 지배와 복종을 낳고 궁극적으로는 부부 관계를 와해시킨다. 이 오류지대는 없앨 수 있다. 그러나 결코 쉬운 일은 아니다. 권위와 주도권이 걸려 있기 때문이다. 한번 싸워보지도 않고 그 주도권을 포기하려 드는 사람은 거의 없다.

가장 중요한 것은 의존과 사랑을 혼동해서는 안 된다는 것이다. 얄궂지만, 결혼생활에서는 함께하는 가운데 약간의 거리를 둬야 부부 간의 금실이 더 좋아진다.

의존은 스스로 선택하는 것이다

의존이란 권세를 부리는 사람과 함께 있다고 해서 저절로 생겨나는 것이 아니다. 다른 오류지대 행동과 마찬가지로 스스로 선택하는 것이다. 자기 자신을 지배해달라고, 즉 여태껏 항상 대우해줬듯이 그렇게 대해달라고 다른 사람들을 길들이는 것이다. 권위를 내세우는 과정으로는 별별 방법이 다 있지만, 그 방법은 효과가 있는 경우에만 반복된다. 예를 들어 결혼 관계에서 상대를 지배하고 의존적인 처지로 몰아넣는 데 특정 방법이 효과가 있었다면 그 방법은 곧 채택된다. 결혼생활에서 지배와 통제의 실을 유지하기 위해 곧잘 사용되는 전략으로는 소리 지르기, 악다구니 퍼붓기 등 온갖 종류의 언성 높이기가 있다. 또한 "떠날 거야, 이젠 이혼이야" 등의 말로 협박하기도 하고 몸져 눕거나 싸늘한 묵비권을 행사하기도 한다. 경우에 따라서는 자살 전략을 사용하기도 한다.

이런 전략이 사용된다는 것은 먹혀든다는 말이다. 만약 내가 그런 전략에 휘둘리기를 거부한다면 상대방이 그것을 계속 사용할 리 만무하다. 상대방이 그 전략을 사용하는 데 맛을 들인 이유는 오로지 내가 반응을 보이기 때문이다. 어느 정도 복종적인 반응을 보이는 것은 나의 마지노선을 상대에게 알려주는 것이다.

휘두르는 대로 휘둘려지는 것은 '처분대로 해주세요'라는 신호를 보내고 있는 것이나 마찬가지다. 우리는 진정 자기가 대접받고 싶은 방식대로 상대방을 길들이는 방법을 터득할 수 있다. 그 방법을 터득하는 데에는 시간과 노력이 필요하다. 지금까지 처분대로 해주십사 하며 길들이는 데에도 많은 시간이 걸렸듯이. 원치 않은 서러운 대접을 받는 곳이 직장이건 가정이건 식당이건 버스이건 간에 우리는 변화를 일으킬 수 있다. "내게 좀 더 잘해주면 안 돼요?"라고 말하는 대신 "내가 도대체 어떻게 처신했길래 다른 사람들이 나를 이렇게 대하는 걸까?"라고 자문해보라. 초점을 자신에게 맞추고 상대방의 반응을 바꾸도록 시도해보라. 의존적인 사람들은 다음과 같이 생각하고 행동한다.

- 둥지를 떠날 수 없다고 생각하거나 떠나더라도 서로에게 서운함을 안겨주고 떠난다.
- 돈 쓰는 일, 발언권, 자동차 사용 등 모든 일에 배우자의 허락을 구한다.
- 자녀의 서랍이나 일기를 뒤지는 등 개인생활을 침해한다.

- "내가 이런 생각을 하는 걸 남편한테는 절대 말 못 해. 싫어할 거야" 등의 말을 한다.
- 다른 사람들의 말, 느낌, 생각, 행동에 상처를 입는다.
- 배우자의 기쁨이나 성공을 자신의 기쁨이자 성공으로 느낀다.
- 명령을 내릴 줄 모르고 받기만 하는 입장이다.
- 내가 결정해야 할 일을 다른 사람이 결정하게 하거나 결정을 내리기 전에 항상 조언을 구한다.
- "내 은혜를 잊어선 안 돼. 내가 너한테 얼마나 정성을 기울였는데"라는 식으로 의존에 따르는 책임을 부과한다.
- 인정을 못 받을까 두려워 부모 등 지배적인 위치에 있는 사람 앞에서 행동을 자제한다. 자신의 복종적인 처지 때문에 기가 죽어 흡연, 음주, 욕설, 심지어 특정 음식을 먹는 것까지 삼간다.
- 자신의 행동에 대해 끊임없이 거짓말을 꾸며댄다. '그들'의 기분이 상하지 않도록 진실을 왜곡할 수밖에 없다.

이렇듯 자신을 궁지로 몰아넣는 행위에 매달리는 이유는 그리 복잡하지 않다. 의존의 보상에 대해서는 어느 정도 알고 있을 것이다. 그러나 의존이 얼마나 큰 폐해를 가져오는지도 알고 있는가? 의존은 언뜻 보기에는 해롭지 않게 느껴진다. 그러나 실은 모든 행복과 성취의 적이다. 의존적인 상황에 머물면서 얻을 수 있는 보상의 보편적인 예들을 들어보자.

- 다른 사람에게 의존하면 그 사람의 등 뒤에 숨을 수 있다. 어린아이처럼 자신의 행동에 대해 책임을 지지 않아도 된다.

- 다른 사람을 기쁘게 해줄 수 있기 때문에 자신이 잘하고 있다는 생각이 든다. 엄마를 기쁘게 하면 착한 아이가 된다는 것을 과거에 배웠고, 이제는 많은 상징적인 '엄마 대체인'들이 나를 조종한다.

- 적극적인 행동으로 느끼게 될 자책감을 피할 수 있다. 자책감을 없애는 방법을 터득하기보다는 얌전히 구는 게 훨씬 쉽다.

- 스스로 선택하거나 결단을 내릴 필요가 없다. 부모나 배우자, 또는 자신이 의존하는 사람을 역할모델로 삼는다. 그들이 생각하고 느끼는 바를 그대로 따라 하기만 하면 자신의 생각이나 감정을 결정하느라 애쓸 필요가 없다.

- 다른 것은 모두 차치하고라도 우두머리가 되는 것보다 차라리 똘마니가 되는 편이 그저 속 편하다. 자신이 똘마니라는 사실이 과히 기분 좋은 것은 아니지만 시키는 대로 하고 말썽만 피우지 않으면 된다. 그것이 자기 자신을 찾는 데 따르는 온갖 위험을 감수하기보다 훨씬 손쉬운 일이다.

정신적인 자립을 선언하다

자립이란 효율적인 삶을 영위하는 것, 또는 제대로 된 부모 노릇을 하는 것이다. 바람직한 결혼의 대표적인 특징 역시 최소한의 타협과

최적의 자율, 그리고 자기 신뢰다. 자립을 이루기 위한 구체적인 전략
은 다음과 같다.

- 모든 인간관계에서 자신이 어떤 역할을 하고 싶은가를 명시하는
  '자립 선언서'를 작성해볼 것. 타협할 줄 모르는 사람이 되겠다는 게
  아니라 부당한 조종은 절대 받지 않겠다는 내용을 담아라.
- 내가 종속적으로 느끼고 있는 사람 하나하나와 얘기를 나눌 것. 왜
  자립하고 싶어 하는지 그 목적을 분명히 밝히고, 또 어떤 일을 의무
  감에서 할 때 어떤 기분이 드는지를 설명하라. 내가 그에게 종속적
  으로 느낀다는 사실을 상대방은 짐작조차 못하고 있을 수도 있다.
- 내가 기죽지 않은 때에 내가 '모시고' 사는 배우자와 대화를 나누
  는 시간을 가질 것. 가끔 조종당하고 복종을 강요당하는 느낌이 드
  는 때가 있다고 말하고, 그런 기분이 불쑥불쑥 일어날 때 그것을 상
  대방에게 알릴 수 있는 손 신호를 정하고 싶다고 얘기하라. 단 그런
  일이 일어나는 그 당장에는 얘기를 나누고 싶지 않다는 점도 덧붙
  이자.
- 부모, 배우자, 상사, 자녀 등 나를 지배하고 있는 사람들을 고의적으
  로 피하지 말 것. 그들 때문에 심정적으로 잔뜩 움츠린 상태라면 그
  들이 옆에 없더라도 여전히 그들의 지배를 받고 있는 셈이다.
- 꼭 찾아가야 한다는 의무감을 느끼고 있는 사람이 있다면 입장을
  바꿔놓고 생각해볼 것. 나라면 누군가가 단순히 의무감만으로 찾아
  와주길 바랄 것인가 자문해보라. 내가 찾아가야 할 그 사람도 마찬

가지 심정일 수 있다.

- 자원봉사를 하거나, 독서를 하거나, 형편이 좀 안 되더라도 보모를 구하거나, 꼭 보수를 많이 주는 곳이 아니더라도 직장을 구하는 등 의존적 역할에서 벗어날 수 있는 결정을 내릴 것.

- 어느 누구에게도 매이지 않고 금전적으로 손 벌리는 일이 없도록 경제적 독립을 할 것. 돈을 달라고 말해야 하는 처지라면 종속될 수밖에 없다. 경제적인 독립이 불가능하다면 생각가능한 모든 창의적인 방법을 동원해 '딴' 주머니를 차라.

- 나를 지배하고 있는 사람들 곁을 떠나라! 스스로를 자유롭게 하라! 명령을 하지도, 받지도 말라!

- 모임에 참석하면 배우자와 떨어져서 다른 사람들과 어울려라. 항상 배우자와 함께 있어야 한다는 책임감은 느끼지 말라. 따로 떨어져 있다가 모임이 끝날 때 다시 함께하라. 보고 듣고 경험하는 것이 두 배는 많을 것이다.

- 나에게는 다른 사람을 행복하게 만들 책임이 없다는 사실을 명심할 것. 그들을 행복하게 만드는 것은 그들 자신이다. 그렇게 생각하면 다른 사람과 어울리는 것을 거짓 없이 즐길 수 있다. 그러나 다른 사람을 즐겁게 해주는 것을 자신의 의무처럼 여긴다면 상대가 우울해할 때 덩달아 우울해지는 종속형 인간이 된다. 그보다 더 심각한 문제는 마치 그 사람이 우울해진 데 자기가 원인을 제공한 것처럼 느끼는 것이다. 나의 감정 변화가 내 탓이듯 다른 사람도 마찬가지다. 누구든지 자신의 감정은 자신밖에 통제할 수 없다.

- 버릇이 어떤 일에 대한 이유가 될 수 없다는 점을 명심할 것. 지금까지 다른 사람에게 복종해 버릇했다고 해서 앞으로도 계속 복종적으로 살아야 할 이유는 없다.

의존적인 관계를 단절하는 것은 정말이지 두려울 수도 있다. 그러나 정신적으로 의존하고 있는 사람들을 슬쩍 떠보면, 놀랍게도 그들이 존경하는 사람들은 다름 아닌 스스로를 위해 사고하고 행동하는 사람들이라는 것을 알게 될 것이다. 더 기가 막힐 노릇이 있다. 당신이 자립하면, 특히 당신을 종속적으로 가둬두려고 무진 애를 쓰는 사람들에게서 가장 큰 인정을 받게 될 것이라는 점이다.

둥지는 자녀가 자랄 수 있는 멋진 곳이다. 그러나 둥지를 떠나는 것은 훨씬 멋있는 일이며 떠나는 이의 눈에도, 떠나는 것을 지켜보는 이의 눈에도 아름답게 비칠 수 있다.

내 안의 화에 휩쓸리지 않는다

화의 유일한 해독제는
기대가 만들어낸 실망을
마음속으로 되뇌지 않는 것이다.

화는 '지극히 인간적인' 것이 아니다. 화는 지니고 있을 필요조차 없는 것이며, 행복하고 알차게 살아가는 데 하등 도움이 안 되는 자기실현의 오류지대다. 그러니까 일종의 정신적인 독감 같은 것이다. 한번 화를 내면 지독한 독감에 걸릴 때처럼 기운이 쭉쭉 내려앉는다.

'화'라는 용어에 대한 정의를 내려보자. 화란 기대가 충족되지 않았을 때 경험하는 자기 통제가 불가능한 반응을 가리킨다. 화는 격분, 적개심, 폭력 행사, 말없이 노려보기 등의 형태를 띤다. 단순히 골치가 아프다거나 짜증이 나는 것은 화가 아니다.

다시 한번 말하지만, 화의 핵심어는 '통제 불능'이다. 화가 나면 옴짝달싹 못하게 스스로를 옭아매게 된다. 대개 화는 세상이나 주변 사람들을 못마땅하게 생각하는 마음에서 비롯된다.

화는 버릇이자 선택이다. 실망을 느낄 때 나타내는 몸에 밴 반응으로, 결국 후회하게 될 방식으로 행동하게 만든다.

사실 심하게 내는 화는 일종의 정신 이상이다. 자신의 행동을 자신이 통제할 수 없다는 것은 제정신이 아닌 상태다. 따라서 화가 나서 통제력을 잃는 것은 일시적인 광란 상태다.

화를 내서 얻을 수 있는 정신적 보상은 없다. 앞서 말했던 것처럼 화는 있는 대로 맥이 빠지게 한다. 생리학적으로는 고혈압, 궤양, 발진, 두근거림, 불면증, 피로, 심지어는 심장병을 유발하기도 한다. 정신적 측면으로는, 사랑하는 관계에 금이 가게 하고 대화를 단절시키며 죄책감이나 우울증에 빠지게 하고 대체로 우리 앞길에 방해가 된다.

이쯤에서 당신은 고개를 갸웃거릴지도 모른다. 화를 표출하는 것이 가슴 속에 꾹꾹 누르고 있는 것보다 훨씬 건강에 좋다고 들어왔기 때문이다. 맞다. 화를 표출하는 것이 누르고 있는 것보다 훨씬 건전한 대안임에는 틀림없다. 그러나 그보다 더 건강에 좋은 대안이 있다. 아예 화를 내지 않는 것이다. 그렇다면 화를 분출해야 할 것인가 혹은 담고 있어야 할 것인가에 대해 고민할 필요조차 없어질 것 아닌가.

화를 내는 것도 웃어넘기는 것도
모두 나의 선택이다

모든 감정이 그렇듯, 화는 생각이 만들어낸 것이다. 단지 우발적으로 일어나는 것이 아니다. 원하는 방향으로 상황이 전개되지 않을 때, 그래서 실망하게 될 때 우리는 "어떻게 이런 일이"라고 중얼거리고는, 그 실망에 대한 반응으로 으레 화를 택하게 된다. 화가 인간다움의 일부라고 생각하는 한 화를 받아들일 구실이 생기는 셈이며, 화를 다스리기 위한 노력도 기피하게 된다.

그래도 꼭 화를 내야겠거든 어떤 식으로든 화를 터뜨려라. 단 파괴적이지 않은 방식으로. 그러나 이제부터는 실망할 때, 자신은 새로운 생각으로 그 실망을 대할 수 있는 사람이라고 여겨보는 것이 더 좋은 방법이다. 그러면 자신을 옭아매는 화는 좀 더 건설적인 감정으로 바뀔 수 있다.

성가심이나 짜증, 실망은 분명 앞으로도 계속 경험할 수 있는 감정들이다. 왜냐하면 세상은 결코 원하는 대로 굴러가지 않기 때문이다. 그러나 화는 없앨 수 있다. 일이 마음대로 되지 않을 때 일어나는 해로운 감정 반응인 화는 제거가 가능하다.

화가 긍정적인 효과를 나타내는 경우도 있다는 주장을 펴는 사람들도 많다. 화를 내면 바라던 것을 얻을 수 있기 때문이다. 그렇다면 한번 면밀히 살펴보자. 예를 들어 세 살배기 아이를 위험한 차도로 나가 놀지 못하도록 하기 위해 언성을 높이거나 화난 표정을 짓는 것이 효과가 있었다면, 그건 화가 아닌 훌륭한 전략이라고 말할 수 있다. 화를 낸다는 것은 정말로 속이 뒤집힐 지경이 될 때, 얼굴이 붉으락푸르락하고 심장 박동수가 늘어날 때, 일정 시간 동안 쿵쾅거리고 다니면서 어쩔 줄 몰라 할 때를 말하는 것이다.

자신의 타당한 행동이 더 큰 효과를 발휘할 수 있도록 하기 위해서는 나름대로의 전략을 짜는 것이 좋다. 상대방에게 마음의 상처를 남겨서는 안 된다. 그럴 때는 이렇게 생각해보도록 노력해야 한다.

'딸애가 저렇게 행동하면 위험해. 거리에서 노는 것은 절대 안 된다는 걸 깨닫게 하고 싶어. 내가 매우 진지하다는 것을 보여주기 위해 큰 소리로 말할 거야. 하지만 절대 이성은 잃지 않을 거야.'

그러나 이런 방식으로 화를 절제할 줄 모르는 전형적인 엄마의 경우는 어떨까? 하지 말라는 행동을 반복하는 아이들에게 계속 화를 낸다. 엄마가 화를 내면 낼수록 아이들의 행동은 더 짓궂어진다. 엄마가 아이들을 벌주고, 방에 들어가 처박혀 있으라고 명령하고, 계속 악을 쓴다. 아이들을 대할 때면 거의 어김없이 이성을 잃는다. 엄마로서 그녀의 삶은 전쟁이다. 그녀가 하는 일이라고는 악쓰는 것밖에 없다. 온종일 전쟁을 치른 뒤 저녁이 되면 온몸이 녹초가 되고 정서적으로도 초토화된다.

아이들은 엄마가 틀림없이 화를 낼 것이라는 사실을 알면서도 왜 계속 말썽을 피우는 걸까? 화는 얄궂게도 다른 사람을 변화시키는 데 전혀 효과가 없다. 화를 내고 있는 사람을 통제하고 싶은 상대방의 욕구만 더 강렬하게 만들 뿐이다. 아이들이 말썽을 피우는 이유에 대해 나름대로의 논리를 펼 수 있다고 가정하고 아이들의 속내를 들여다 보자.

'엄마를 화나게 하려면 어떻게 해야 하는지 아세요? 이런 말, 저런 행동을 하기만 하면 돼요. 그러면 엄마를 마음대로 휘두를 수 있어요. 언제나 그렇듯 노발대발하게 만들 수 있거든요. 잠깐 동안 방에 갇혀 있어야 하지만, 보세요! 겨우 그까짓 걸로 엄마의 기분을 완전히 점령 하잖아요. 평소에 가뜩이나 엄마한테 꼼짝 못 하고 사는데, 장난도 좀 더 치고, 엄마가 우리 행동에 열 받는 걸 지켜보자고요.'

화는 어떤 인간관계에서든, 상대방이 계속 예전과 다름없이 행동하 도록 부추기는 경우가 많다. 화를 돋우는 사람은 겁먹은 듯 행동할지 모르지만, 마음만 먹으면 언제든지 상대를 화나게 할 수 있다는 것을 깨닫게 된다. 따라서 화를 내는 사람이 지휘하고 있다고 생각하는 권 위는 사실은 상대방의 손에 넘겨져 그 안에서 보복적으로 행사된다.

다른 사람의 행동에 대해 화를 내는 것은, 마음대로 행동할 수 있는 그 사람의 권리를 억제하는 것이나 다를 바 없다. 신경질적으로 '왜 그렇게밖에 못 하는 거야? 그러지 않으면 난 지금 화를 내지 않고 너 를 좋아할 텐데'라고 생각하는 것이다.

그러나 다른 사람들은 결코 우리가 원하는 대로 하지 않을 것이다. 사람이든, 사물이든 내가 원하는 방식대로 돌아가지 않는다. 세상이 란 그런 거다. 이런 이치가 변할 수 있는 가능성은 제로다. 따라서 마 음에 안 드는 사람이나 상황에 부닥칠 때마다 화를 낸다면 우리는 뜻 대로 되지 않는 현실에 마음의 상처를 입고 어떻게 해서든 제 발로 감정의 덫에 빠지겠다고 결심하는 꼴이 된다.

절대 변하지 않을 상황에 대해 화를 내는 것, 그것은 매우 미련한 짓이다. 화를 내는 대신, 다른 사람들에게도 내 생각과 다른 방식으로 행동할 수 있는 권리가 있다고 생각해야 한다. 못마땅하겠지만, 그렇다고 화를 낼 필요는 없다.

화를 내도 상대방은 꿈쩍도 안 할 뿐만 아니라, 위에서 설명한 온갖 육체적 스트레스와 정신적 고통만 스스로 떠안게 된다. 진정으로 선택은 우리의 몫이다. 화를 낼 것인가, 아니면 화를 낼 필요를 없애는 데 보탬이 될 참신한 말들을 되뇌일 것인가?

어쩌면 이와는 정반대 유형이라고 생각하는 사람도 있을 것이다. 즉 화를 산더미처럼 안고 있지만 그것을 표출할 용기조차 내본 적 없는 사람 말이다. 화를 가슴 속에 묻어두고 단 한마디도 내뱉은 적이 없지만, 그 때문에 병을 얻게 되고 무수히 많은 고민을 끌어안고서 현재를 살아간다. 그러나 이런 사람도 화를 내며 길길이 날뛰는 사람의 정반대 경우는 아니다. 그 사람 역시 어떤 사람이나 상황이 자신이 원하는 방식대로 되어야 한다는 똑같은 생각을 하고 있기 때문이다. 자신의 생각대로 되어준다면 왜 화를 내겠느냐고 반박할 것이다.

그것은 모순된 논리다. 스트레스를 해소하는 비결은 화를 내지 않는 것이 아니라 화를 없애는 것이다. 화를 꾹꾹 눌러 담아두지 않고 밖으로 표출하면 그만 아니냐고 생각하고 싶겠지만, 가장 중요한 것은 화를 일으키지 않도록 생각을 바꾸는 것이다. 마음속으로 이렇게 생각해보라.

'저 스스로 바보가 되고 싶다고 자처하는데, 내가 화를 낼 필요가 뭐 있어? 바보 같은 행동을 하는 것은 저 사람이지 내가 아니야.'

'상황은 내 생각대로만 굴러가지는 않아. 마음에 들지는 않지만, 그것 때문에 나 자신을 옭아매지는 않을 거야.'

배짱 두둑한 새로운 방법으로 화를 표현하는 법을 배우는 것이야말로 화라는 오류지대를 제거하기 위해 내디뎌야 할 첫걸음이다. 그런 다음 외부 상황에 휩쓸리지 않고 자기 나름의 심지를 갖도록 생각을 바꾸는 것, 즉 다른 사람의 행동에 휘둘리지 않겠다고 생각하는 것이 궁극적인 목표다. 이렇게 되면 다른 사람의 행동이나 생각에 나의 마음을 어지럽힐 힘을 실어주지 않을 수 있다. 스스로를 높게 평가하고 다른 사람에게 통제당하지 않으면 당장 끓어오르는 화 때문에 자신이 상처를 입을 일은 없을 것이다.

웃으면서 동시에 화를 낼 수는 없다. 화와 웃음은 상호 배타적이기에 둘 중 하나만 선택할 수 있다. 웃음은 영혼의 햇살이다. 햇빛이 없이는 어떤 생물도 자라거나 성장할 수 없다.

어떤 일을 계획하거나 행동을 취할 때 화를 내고 안 내고는 나이아가라 폭포에 물 한 컵 더 붓는 정도의 차이밖에 없다. 내가 웃음을 택하든 화를 택하든 그것은 그다지 중요하지 않다. 다만 웃음을 택하면 현재의 순간순간이 행복으로 가득 찰 것이요, 화를 택하면 현재가 비참하게 망가질 것이다.

때와 장소에 따른
화의 다양한 모습

화는 언제 어디서나 나타난다. 화는 다소 마음이 상한 것에서부터 앞뒤 안 가리고 분통을 터뜨리는 것까지 그 정도가 매우 다양하다. 화는 암이다. 경험을 통해 얻어지는 암으로, 인간관계를 속속들이 좀먹는다. 사람들이 화를 내는 가장 보편적인 상황들을 살펴보자.

- 자동차 운전 중에 내는 화. 운전자들은 걸핏하면 다른 운전자에게 소리를 지른다. 너무 느리게 운전한다고, 과속한다고, 깜빡이를 제대로 넣지 않는다고, 멋대로 차선을 바꾼다고. 다른 사람들이 실수를 할 때 벌써 맥박은 빨라져온다. 당신도 운전을 하면서 주체할 수 없을 정도의 화와 심리적 통제 불능 상태를 경험한 적이 있을 것이다. 다른 사람들의 못마땅한 운전 방식이 한두 가지가 아니기 때문이다. 교통체증도 화와 적개심의 진군을 알리는 주요한 신호다. 운전자들은 동승자에게 고함을 치고, 자신의 차가 앞으로 빨리 나갈수 없게 만든 원인에 대해 욕을 해댄다. 이런 모든 행동의 주범은 바로 이 생각 하나다.
  '이런 일은 있을 수 없어. 하지만 이렇게 눈앞에 벌어지고 있으니 화가 안 날 수 있겠어? 다른 사람들도 이런 상황에 처해보라지.'
- 경쟁적인 게임을 하면서 내는 화. 테니스, 포커 등 갖가지 게임들은 화를 유발시키는 훌륭한 촉매제다. 상대편은 물론 같은 편에게도

게임을 잘 못한다든가 규칙을 지키지 않는다고 화를 낸다. 실수를 했다는 이유로 테니스 라켓이 날아가기도 한다. 발을 동동 구르거나 물건을 집어던지는 것은 그나마 다른 사람에게 폭력을 휘두르거나 소리를 지르는 것보다는 낫지만, 여전히 현재의 자기실현을 막는 장벽이다.

- 어울리지 않는 상황에 치미는 화. 어울리지 않는다고 여겨지는 사람이나 상황에 분통을 터뜨리는 사람들이 적지 않다. 예컨대 차량 운전자는 자전거를 타는 사람이나 보행자가 차도로 다녀서는 안 된다는 생각에 그들을 차도에서 몰아내고 싶어 한다. 이런 식의 화는 극도로 위험하다. 교통사고 중 상당수는 사실상 통제 불능 상태의 분노가 원인이 되어 발생한다.

- 세금에 대한 화. 사실상 화를 내봤자 국가의 세법이 바뀔 턱이 없는데도 사람들은 여전히 화를 낸다. 세금이 더없이 못마땅하니까.

- 다른 사람들의 굼뜬 행동에 대한 화. 다른 사람들이 나의 일정에 맞춰 움직일 거라고 기대하면서 내는 화다. 그들이 내 기대에 어긋날 경우 "내가 화 안 나게 생겼어? 날 30분이나 기다리게 했다고"라는 말로 자신의 통제 불능을 정당화한다.

- 다른 사람들이 정돈도 못하고 칠칠맞다고 내는 화. 화를 내는 것이 되레 상대방으로 하여금 계속 똑같이 행동하도록 부추기는 것인데도 화를 내는 쪽을 택한다.

- 물건에 대한 분풀이로 표출되는 화. 정강이뼈를 다치거나 망치로 엄지손가락을 내리쳤을 때 비명을 지르고 아파하는 것은 조금 덜

아프게 느끼도록 하는 치료 효과가 있지만, 진짜 화가 치밀어 벽에 주먹을 날리는 등 화풀이를 하는 것은 부질없고 자기 손만 더 아프다.

- 잃어버린 물건에 대한 화. 아무리 화를 낸다 한들 잃어버린 열쇠나 지갑이 나올 리 만무하다. 화를 내면 오히려 차분히 찾아볼 시도를 아예 막아버린다.
- 자신의 힘으로 어쩔 수 없는 세상사에 대한 화. 정치나 외교 관계, 또는 경제 돌아가는 꼴이 영 마음에 들지 않을 수도 있다. 그러나 그 것 때문에 화를 내고 흥분한다 한들 변하는 것은 하나도 없다.

지금까지 화를 낼 수 있는 상황 몇 가지를 살펴봤으니 이제 화가 어떤 모습을 하고 있는지 들여다보자.

- 배우자나 아이들, 사랑하는 사람, 친구에게 모욕적인 말을 하거나 빈정댄다.
- 물건이나 사람을 치거나 발로 차거나 내리치는 등 물리적 폭력을 행사한다.
- "그 사람 때문에 화가 나 미칠 지경이야" 또는 "너 때문에 더 화가 나" 등의 말을 한다.
- "없애버려" 또는 "혼쭐을 내줘" "반대하는 사람들은 가만 안 두겠어"라는 표현을 사용한다.
- 화를 내면서 떼를 쓴다. 심통을 부리는 것도 흔히 볼 수 있는 화의

얼굴이다. 떼를 쓰는 사람은 원하는 것을 얻을 수 있는 경우가 많다.

- 냉소를 보내거나 빈정대며 싸늘하게 대한다. 화의 이런 얼굴들은 물리적 폭력만큼이나 상처를 줄 수 있다.

화를 내는 행태를 열거하자면 아마 끝이 없을 것이다. 위의 예들은 화의 오류지대에서 찾아볼 수 있는 가장 보편적인 것들이다.

그럼에도 화를 참을 수 없는 이유

느긋한 성격을 갖추기 위해서는 애초에 왜 화를 내며 성미가 급해지는가에 대한 통찰에서 출발하는 것이 가장 효과적이다. 사람들이 화를 내게 되는 이유는 대체로 이렇다.

- 스스로 감당하기 힘들다고 생각되는 상황에 처하거나 좌절과 실패를 경험할 때마다 화를 내면 자신의 감정을 통제하지 않아도 된다. 그런 상황에 대한 책임을 관계되는 사람이나 상황 자체에 돌릴 수 있다.
- 화를 내면 제멋대로 행동할 수 있다. 다른 사람들이 그 화를 견디느니 차라리 비위를 맞춰주기 때문이다.
- 친하게 지내거나 사랑하기가 두려울 경우 괜스레 화를 낼 수 있다. 그래야 애정으로 엮이는 감당 못 할 일을 피할 수 있으니까.

- 화를 내면 말발이 훨씬 센 상대에게 밀리고 있는 대화에서 빠져나올 수 있다. 풀 죽은 꼴을 남에게 보이는 위험을 피하기 위해 화를 이용하는 것이다.

- 화를 내는 동안에는 자신을 위해 노력할 필요가 없다. 따라서 광폭해지고, 자신을 개선시키기 위해 필요한 것은 여하튼 피하고 본다는 손쉬운 방법을 택한 결과 당면한 순간들은 허비된다. 스스로를 압박하지 않기 위한 수단으로 화를 이용하는 것이다.

- 화가 나 한 차례 부르르 끓어오른 뒤 자기 연민에 빠지거나 아무도 자신을 이해해주지 않는다며 스스로를 불쌍하게 여길 수 있다.

- 화를 내면 명쾌하게 생각할 필요가 없다. 화를 낼 때에는 이치에 닿게 사고할 수 없다는 것을 다들 알고 있는 마당에, 그리고 앞뒤가 들어맞는 버거운 생각일랑 눈곱만큼도 하고 싶지 않은 터에, 오래 묵은 화라도 끄집어내야 하지 않겠는가.

- 일단 핏대 올려 화를 내 기선을 제압하면 실패나 좋지 않은 성적에 대해 그냥 넘어갈 수 있다. 심지어는 다른 사람들이 내가 화내는 것이 두려워 스스로 불평을 그만두게 할 수 있다.

- 화를 내는 것은 인간적인 것이라고, 다시 말해 '나는 인간이야. 그리고 인간은 화를 내게 마련이야'라고 주장하면서 자신을 위해 준비된 변명을 할 수 있다.

화를 없애는 현실적인 방법

화는 제거할 수 있다. 그러려면 생각을 대폭 뒤집어야 한다. 그리고 한 번에 그 순간의 화만 제거할 수 있다.

화를 부추기는 사람이나 상황에 마주쳤을 때, 자신이 스스로에게 무슨 말을 되뇌고 있는지 깨닫고 예전과는 다른 감정과 훨씬 생산적인 행동을 할 수 있게 해주는 새로운 말을 만들어내라. 화를 공략할 수 있는 구체적인 전략 몇 가지를 소개하겠다.

- 무엇보다 중요한 것은, 화를 내고 있는 동안 내가 무슨 생각을 하는가를 알아낼 것. 그리고 늘상 그런 식으로 생각해왔다고 해서 계속 똑같이 생각할 필요는 없다고 스스로에게 상기시키는 것이다. 여기에서는 자신이 화를 내는 상황을 '의식'하는 것이 가장 중요하다.
- 화를 내는 것을 뒤로 미루려고 노력할 것. 화가 폭발할 것 같은 상황에 처하면 15초 동안 화를 참았다가 여느 때처럼 폭발하라. 다음에는 30초 동안 참는 연습을 시도해 보고, 그 간격을 계속 늘린다. 일단 화를 뒤로 미룰 수 있다는 것을 알게 되면 조절하는 법도 알게 된다.
- 자녀에게 무언가를 가르치기 위해 건설적으로 이용하려 할 경우에는 화를 내는 '시늉'만 할 것. 언성을 높이고 화난 표정을 짓는 것은 괜찮지만, 화에 곁들여지는 육체적, 심리적 고통까지는 체험하지 말라.

- 허물없이 지내는 사람에게 도움을 청할 것. 내가 화를 내려고 하면 어떤 말이나 미리 정해놓은 신호로 알려달라고 하라. 그 신호를 받으며 자신이 무슨 행동을 하고 있는지 곰곰이 생각한 다음 화를 미루는 연습을 시도해보라.

- 화를 냈을 때의 일을 기록할 것. 화를 낸 정확한 시간, 장소, 상황에 대해 적어라. 기록은 엄정하게 해야 한다. 화를 낸 행위는 반드시 하나도 빠뜨리지 말라. 이렇게 기록을 꾸준히 하다 보면 이내 기록하는 것만으로도 화를 내는 빈도가 줄어든다는 것을 깨닫게 될 것이다.

- 화를 냈다면 "방금 나도 모르게 화를 내버렸어. 이제 다시는 화를 내지 않도록 생각의 시각을 바꿀 거야"라고 말할 것. 입 밖으로 소리 내어 말하는 것은 자신이 한 일을 스스로 되돌아볼 수 있는 기회가 되며, 진심으로 노력하고 있다는 증거다.

- 화를 낼 참이면 사랑하는 사람과 가까운 거리에 있도록 노력할 것. 그 사람의 손을 잡는 것도 분노를 무력화하는 한 가지 방법이다. 감정을 내뱉고 화가 가실 때까지 되도록 잡은 손을 놓지 말라.

- 화가 나 있지 않을 때, 평소 가장 많이 화를 내는 상대와 대화를 할 것. 서로에게 가장 화를 돋우는 행동이 무엇인지 얘기를 나눠라. 그리고 기운이 쭉쭉 빠지게 하는 화가 아닌 다른 감정 표현 방법을 궁리하라. 쪽지나 편지, 마음을 가라앉히는 산보 등을 이용하자는 상호 합의가 이루어질지도 모른다.

- 자신의 기분에 대해, 그리고 내가 생각하는 상대방의 기분에 대해

분석하면서 처음 몇 초 동안 화의 기선을 제압할 것. 처음 10초가 가장 중요하다. 일단 그 10초가 지나가면 화는 대개 기가 죽는 법이다.

- 자신을 사랑할 것. 그러면 자신을 망치는 행동으로 스스로를 짐 지우는 일이 결코 없을 것이다.

- 교통체증에 걸리면 시간을 잴 것. 얼마 동안 화를 내지 않고 참을 수 있는지 살펴보라. 자신을 제어하기 위해 노력해보라. 동승자에게 고함을 지르는 대신 차분히 질문을 해보라. 길에 묶여 기다리는 시간을 창의적으로 사용해보라. 편지나 노래를 쓴다든지, 교통체증을 빠져나갈 방법을 궁리해본다든지, 가장 흥분됐던 성관계를 회상한다든지, 아니면 더 환상적인 성관계를 할 수 있는 방법을 생각해본다든지 등등.

화는 우리의 발목을 잡는다. 화를 내는 것은 전혀 쓸모없는 짓이다. 다른 모든 오류지대와 마찬가지로, 화는 다른 사람이나 물건을 이용해 자신의 감정을 표현하는 하나의 수단이다. 다른 사람들은 잊어라. 스스로 선택을 내려라. 그리고 그 선택이 화가 아니게 하라.

내 인생의 주인이 되는,
행복한 이기주의자

행복한 이기주의자가 주위 사람들에게 무관심해 보인다면
그것은 자신의 인생을 열심히 살아가느라
밖으로 시선을 돌릴 틈조차 없기 때문이다.

오류지대 행위를 하나도 보이지 않는 사람은 실제로 존재한다. 마지막 장은 오류지대의 생각과 행동을 모두 털어버린 행복한 이기주의자의 모습을 기술하는 데 전부 할애하려 한다. 대다수 사람들과는 다른 면모를 보이면서 순간순간을 창의적으로 생기 있게 살 수 있는 놀라운 능력을 가진 사람들, 그들은 어떻게 살아가고 있을까?

현재에서 행복을 발견하다

무엇보다도 확연한 것은, 그들이 삶의 거의 모든 것을 좋아한다는 것이다. 무슨 일을 해도 즐거워하며, 불평하거나 이미 지난 일에 매달리며 허송세월하지 않는다. 그들은 열의에 차 있으며, 삶에서 최선의 것을 구하려 애쓴다. 그들은 나들이, 영화, 책, 스포츠, 콘서트, 도시, 농장, 동물, 산 등 거의 모든 것을 즐긴다. 그들은 삶에 애정을 갖고 있다.

불평하거나 하소연하는 일, 심지어는 기운 없이 한숨짓는 일도 없다. 비가 오든 푹푹 찌든 결코 투덜대는 법이 없이 즐긴다. 차들로 앞뒤 꽉꽉 막힌 도로에서 오도 가도 못 하든, 사람들과 함께 어울리든 혼자 있든, 그들은 주어진 상황에 있는 그대로 대처한다. 그들에게는 짐짓 즐기는 척하는 가식이 없다. 상황을 분별력 있게 받아들이고 현실에서 기쁨을 찾는 놀라운 능력을 발휘할 뿐이다. 그들에게 무엇을 싫어하는지 물어보라. 그러면 차마 거짓말은 못 하고 진땀깨나 흘릴 것이다. 그들은 빈틈없이 자기 일을 알아서 한다.

그들은 비가 온다고 곧장 그 비를 피하는 사람들이 아니다. 그 비를 아름답고 가슴 떨리고 체험해보고 싶은 일로 여기기 때문이다. 그들은 비를 좋아한다. 길이 질퍽해도 화를 내지 않는다. 지켜보다가 철퍽거려보기도 하고, 그러면서 '살아 있다는 게 바로 이런 것이구나' 하고 생각한다. 고양이, 곰, 벌레, 좋아하지 않는 게 없다. 아무리 애써도 그들이 하기 싫어하는 일을 찾아내기란 어려울 것이다. 그들은 분명 인생을 즐기고, 인생에 흠뻑 젖어 살아가고 있으므로.

그들은 매우 현재 지향적이다. 어떤 걱정이건 질질 끌어서는 안 된다고, 현재의 삶을 살면서 이리저리 기웃대는 것은 어리석은 짓이라고 주지시키는 듯한 내부 신호를 가지고 있다.

이런 사람들은 과거나 미래가 아닌 현재에 살고 있다. 미지의 것을 두려워하지 않고 색다르고 낯선 경험을 찾아 나선다. 그들은 애매모호함을 사랑한다. 현재가 자신이 가진 전 재산이라고 생각하면서 늘 현재를 음미한다. 아직도 일어나지 않은 일을 위해 미리 계획하지 않으며, 어떤 일이 일어나기를 기다리는 기나긴 휴지기 동안에도 안달복달하는 일이 없다. 그런 기다리는 기간에도 일이 일어나고 있는 순간만큼 사는 보람을 느끼며, 평범한 일상 속에서 갖가지 즐거움을 얻는 놀라운 능력을 갖고 있다.

그들은 만일의 경우에는 대비하지만 뒤로 미루는 사람이 아니며, 자신의 행동이 사회에서 질책을 받을 경우에도 자신을 책망하면서 주눅이 들지 않는다.

그들은 현재의 행복을 긁어모으며, 미래가 현재가 되면 그 행복도 쓸어 담는다. 그들은 즐거워하기 위해 기다리는 것이 아둔한 짓이라는 것을 알기에 항상 현재를 즐긴다. 이것은 자연스러운 삶의 방식으로, 어린아이나 동물의 생활방식과 매우 비슷하다.

관계에서 행복을 발견하다

그들은 놀라울 정도로 자립적이다. 그들이 둥지를 틀었던 곳도 아늑한 가정이었고, 가정에 대한 각별한 애정이나 헌신도 갖고 있다. 하지만 그들은 어떤 관계에서나 의존보다 자립을 훨씬 높게 평가한다. 그들은 자신들이 기대에서 자유롭다는 사실을 값지게 여긴다. 그들의 관계는 각자 자신을 위해 결정을 내릴 수 있는 권리를 서로 존중해주는 가운데 세워진다. 사랑을 담보로 상대방에게 가치관을 강요하지 않는다.

그들은 개인생활을 매우 중시하는 사람들이기 때문에, 주변 사람들은 자칫 그들에게서 냉대받았다거나 퇴짜 맞았다는 느낌을 받기도 한다. 그들은 때로는 혼자 있기 좋아하며 자신의 개인생활을 보호하기 위해 온갖 노력을 기울인다.

이런 사람들은 연애도 요란스레 하는 법이 없다. 사랑하는 상대를 고를 때에는 꽤나 가리는 편이지만 매우 섬세할 정도로 다정다감하기도 하다. 그러나 의존적이거나 현명하지 않은 사람이 그런 사람을 사랑하기란 쉬운 일이 아니다. 그들은 자신의 자유에 대해서만큼은 결코 양보하는 법이 없기 때문이다. 만약 상대방이 자신을 필요로 한다면, 그들은 그런 필요를 자신뿐 아니라 상대방에게도 손해되는 일이라고 생각한다.

그들은 자신이 사랑하는 사람이 자립적이고, 스스로 선택할 줄 알며, 스스로를 위해 살아가기를 바란다. 그들은 사람들을 좋아하고 함께 어울리고 싶어 하지만, 자신이 어울리는 사람들이 누군가의 도움을 필요로 하거나 기대지 않는 사람이기를 한층 더 바란다.

누군가가 그에게 의지하려 하면 기대기 시작하는 그 순간 처음에는 그의 마음이, 그 다음에는 그의 몸이 그 사람 곁을 떠날 것이다. 그들은 연애를 하면서 스스로도 의존적이길 거부하지만, 상대방이 자신에게 기대는 것 역시 원치 않는다. 자녀에게는 자상한 부모의 모습을 보여주지만, 사랑을 듬뿍 주면서도 계기가 생길 때마다 처음부터 자립심을 키워준다.

그들은 퉁명스러울 정도로 솔직한 편이다. 비위를 맞추기 위해 세심하게 포장된 표현을 사용하지도 않는다. 그들이 생각하고 있는 바를 알고 싶어 하면 솔직하기 그지없는 답을 듣게 될 것이다. 누군가 그들에 대해 이러쿵저러쿵 흠을 잡는다 해도 그들은 그 말에 무너져 내리거나 매몰되지 않는다. 그들은 그 말을 받아들이고 자신의 가치관을 통해 여과시킨 다음 성장을 위한 발판으로 삼는다.

그들은 모든 사람들의 사랑을 필요로 하지 않을뿐더러 자신의 행동 하나하나에 대해 모든 사람들이 인정해줬으면 하는 터무니없는 바람도 품지 않는다. 그들은 언제나 어느 정도의 반대에 부딪힐 수 있다는 사실을 염두에 두고 있다. 그들은 외적 요인에 좌우되지 않고 자신의 의지대로 운신한 수 있다는 점에서 다른 사람들과는 사뭇 다른 면모를 보인다.

그들은 불합리하고 소소한 규칙들은 무시한다. 상당수 사람들의 삶에서 매우 중요한 부분을 이루고 있는 자잘한 관습도 짐짓 못 본 체한다. 그들은 그저 예를 차리기 위해 떠들썩한 모임에 참석하거나 잡담에 끼어들지도 않는다. 자기가 자기 자신의 기준이며, 사회를 매우 중요하게 생각하지만 사회의 통제를 받거나 예속되기를 거부한다. 그들은 사회에 반기를 들고 나서지는 않지만, 명쾌하고 합리적으로 무시해야 할 때와 본분에 충실해야 할 때를 스스로 판단한다.

그들은 웃는 법, 웃음을 만드는 법을 알고 있다. 거의 모든 상황에서 스스로 유머를 찾으며 아주 어처구니없는 상황, 매우 심각한 상황에 대해서도 웃어넘길 수 있다. 다른 사람들에게 웃음을 안겨주는 일을 즐기며 편안하게 웃음을 자아낸다.

그들은 앞뒤가 맞지 않는 일도 좋아한다. 다른 사람에 대해 비아냥거리며 웃는 법도 없다. 결코 다른 사람에 대해 입방아를 찧어가며 웃음을 자아내지 않는다. 사람들을 웃음거리로 삼는 것이 아니라 사람들과 함께 웃는다.

삶에 대한 태도는 진중하지만 삶에 대해 웃음을 보낼 줄 알며 모든 것을 즐겁게 바라본다. 그들은 한 발짝 뒤로 물러서서 인생을 관망하며, 인생에는 정해진 길이 없다는 사실을 알고 있다. 그들은 다른 사람들이 즐길 수 있는 상황을 만들고 함께 즐길 줄 안다. 그들은 함께하면 재미있는 사람들이다.

있는 그대로의 행복을 발견하다

그들은 스스로를 불평 없이 받아들인다. 그들은 자신이 인간이라는 것과 인간이기 때문에 지니는 저마다의 인간적인 특질을 알고 있다. 자신의 외모가 어떤 식으로 보인다는 것을 알고 있으며, 그 사실을 그대로 받아들인다. 키가 커도 괜찮고 키가 작아도 상관없다. 대머리이면 어떻고 숱이 너무 많으면 또 어떠랴. 그들은 온몸이 땀으로 뒤범벅된다 해도 상관하지 않을 것이다! 그들은 완벽하지 못한 인간의 신체에 대해 가식적이지도 않다.

그들은 자기 자신을 받아들이기 때문에 이 세상에서 가장 자연스러운 사람들이다. 인공적인 치장 뒤에 자신을 가리지도 않을뿐더러 있는 그대로의 모습에 쭈뼛거리는 일도 없다. 그들은 인간과 관련된 것은 어떤 것에도 상처받지 않는다. 자신을 좋아하고 자신을 있는 그대로 받아들인다.

그들을 수년간 지켜봐도 스스로를 깎아내리는 일이나 부질없는 바람을 표현하는 것을 들을 일이 없을 것이다. 그들은 묵묵히 실천에 옮기기만 한다. 그들은 세상을 있는 그대로 관찰한다. 어린아이들이 자연을 그대로 받아들이고 한껏 즐기는 것처럼.

그들은 세상이 어때해야 한다는 고정관념도 없다. 청결이나 정돈에 대한 결벽증도 없다. 그들은 쓸모 있는 방식으로 살아가며 모든 일이 자신이 원하는 방식대로 되지 않더라도 그게 뭐 대수냐고 생각한다.

그들에게 조직이란 목적 자체가 아닌 유용한 수단일 뿐이다. 조직에 지나치게 신경을 쓰지 않기 때문에 그들은 창의적이다. 그들은 수프를 만드는 일이든, 보고서를 작성하는 일이든, 잔디를 깎는 일이든 자신만의 독특한 방식으로 처리한다. 그들은 그런 일에 상상력을 발휘하기 때문에 모든 일에 창의적으로 접근할 수 있다. 정해진 방식으로 일을 처리해야 할 필요는 없다고 생각한다. 지침서를 보거나 전문가에게 자문을 구하지 않고 자신이 옳다고 여기는 방식으로 문제에 접근한다. 그것이 바로 창의력이며, 그들은 누구나 창의력을 지녔다.

그들은 호기심이 왕성하다. 그 호기심은 채워질 줄을 모른다. 항상 새로운 것을 찾고, 인생의 한순간 한순간을 놓치지 않는다. 잘하든 못하든 상관없다. 혹여 잘 되지 않거나 큰 성과를 올리지 못한다 해도 곱씹어 한탄하지 않고 미련 없이 체념한다. 그들은 계속 배운다는 점에서 진리를 찾는 사람들이다. 항상 더 많이 배우는 일에 열심이고 자신이 완성품이라는 생각은 해본 적도 없다.

그들은 가르치는 사람이 아니라 배우는 사람이다. 아무리 배워도 부족하게 느끼며, 남을 깔보거나 젠체할 줄도 모른다. 그렇게 느껴본 적이 한번도 없기 때문이다. 어떤 사람, 상황, 사건도 더 많이 배울 수 있는 기회로 삼는다.

이 행복한 사람들은 놀라울 정도로 자기변명을 하지 않는다. 잔머리를 굴리거나 다른 사람들에게 좋은 인상을 남기려고 애쓰지도 않는다. 다른 사람들에게 내보이기 위해 옷을 입지도 않는다. 자신을 해명하지도 않는다. 그들은 꾸밈없고 자연스러우며, 일이 크든 작든 간에 문제 삼고 싶은 유혹에 빠지지 않는다. 그들은 논쟁을 일삼거나 토론을 하면서 조급증을 내지도 않는다. 담담하게 자신의 견해를 말하고 다른 사람의 말을 경청할 뿐이다. 다른 사람들에게 자신의 입장을 강요하는 것이 부질없는 시도라는 것을 잘 알고 있다. 그들은 "좋아, 우리는 생각이 다를 뿐이야. 의견이 꼭 같으란 법은 없지"라고 말한다. 그 이상은 문제 삼지 않는다. 논쟁에서 반드시 이겨야 할 필요도, 상대방을 설득할 필요도 없다. 그들은 상대방에게 나쁜 인상을 남기는 것에 개의치 않지만 그렇다고 일부러 그렇게 하지는 않는다.

그들은 툭하면 정의를 부르짖는 사람도 아니다. 어떤 사람이 더 많은 특권을 가지고 있다면 잘 됐다고 생각하지, 배 아파하지 않는다. 어떤 이와 경쟁하게 되었을 때 상대방이 선전하기를 바라지, 어떻게든 이겨보겠다고 그 사람이 실수하기를 바라지도 않는다. 그들은 자력으로 승리를 거두고 유능해지길 원할 뿐, 다른 사람들의 부족함으로 어부지리를 얻을 생각이 없다. 모든 사람이 태어날 때부터 평등하게 재능을 타고났다고 주장하지는 않지만 자신의 내부에서 행복을 찾는다. 그들은 이런저런 평을 늘어놓는 사람도 아니고 다른 사람의 불행을 고소해하지도 않는다. 사실 그들은 너무 바빠 주위 사람들이 뭘 하는지 주목할 여유가 없다.

나로부터 행복을 발견하다

무엇보다 중요한 것은 그들이 자신을 사랑하는 사람들이라는 점이다. 성장하고 싶다는 욕구에 자극받으며, 갈림길에 섰을 때 항상 자신을 소중히 여기는 편을 택한다. 그들은 자기 연민이나 자기 부정, 자기 혐오에 빠져 있을 틈도 없다. 그들에게 "자기 자신을 좋아하는가?"라고 물어보면 대뜸 "당연하지!"라고 확신에 찬 목소리로 대답할 것이다. 그들은 진정 '난사람'들이다. 하루하루가 기쁨이다. 그들은 현재의 한순간 한순간을 알차게 음미하며 산다. 힘든 일이나 고민이 전혀 없는 것은 아니지만, 그런 문제 때문에 감정의 늪에 빠지지는 않는다.

그들의 정신건강을 가늠하는 잣대는 그들이 실수를 했는가의 여부가 아니라 실수할 때 어떻게 대처하는가이다. 그들이 인생의 궂은 날을 만났을 때 왜 이렇게 살기가 힘드냐고 나자빠져서 징징거리고 있을까? 절대 그렇지 않다. 일어서서 몸을 툭툭 털고 다시 기운을 차리고는 일과를 계속한다. 오류지대에서 자유로운 사람들은 행복이라는 무지개를 따라다니지 않는다. 살아가면서, 보상으로 행복을 얻을 뿐이다.

아래의 글은 《리더스 다이제스트Reader's Digest》에서 발췌한 행복에 관한 통찰력이 담긴 글이다. 지금까지 살펴본 효율적이고 멋진 삶에 대한 접근 방법을 요약하고 있다고 볼 수 있다.

행복을 찾으려는 시도만큼 행복에서 멀어지게 하는 것도 없다. 역사학자 윌 듀런트Will Durant는 지식 속에서 행복을 찾는 방법을 설명했지만 결국에 얻은 것은 환멸뿐이었다. 그는 다시 여행에서 행복을 구했지만 지루함만 남았다. 부를 얻었지만 불화와 걱정이 생길 뿐이었다. 저술에서 행복을 찾았지만 피로만 쌓일 따름이었다. 어느 날 그는 잠들어 있는 갓난아기를 품에 안은 한 여인이 소형차 안에 앉아 누군가를 기다리고 있는 모습을 보았다. 얼마 후 한 남자가 기차에서 내려 그들에게 다가갔다. 그는 먼저 여인에게 부드럽게 입 맞추고 난 다음, 아기에게도 혹시라도 잠이 깨지 않도록 살짝 입을 맞췄다. 가족이 차를 타고 떠나자, 듀런트는 진정한 행복의 본질이 무엇인가를 벼락같이 깨달았다. 그는 '일상 속의 순간순간이 행복을 품고 있다'는 사실을 깨닫고 마음이 편안해졌다.

현재의 한순간 한순간을 최대한 알차게 살라. 그러면 우리는 행복한 이기주의자가 될 수 있다. 오류지대에서 벗어난다는 것, 그것은 얼마나 가슴 벅찬 일인가. 지금 당장 행복해질 수 있다. 마음만 먹으면 얼마든지!

Wayne Dyer

YOUR ERRONEOUS ZONES

나는 선택할 수 있고,
온전히 나의 것인 현재의 순간들을 즐길 수 있다.
현재는 나의 것이다.

인생은 단 한 번뿐

사람들은 천양지차로 다른 표정과 마음가짐으로 저마다의 삶의 질곡이 고스란히 묻어나는 일상을 겹겹이 빚어냅니다. 그러나 대부분의 경우, 인생을 즐기고 사랑하기보다는 점점 딱딱하게 두터워지는 아집안에 갇혀 무기력과 독선을 꼴사납도록 토해낸다는 점에는 별반 차이가 없을 듯싶습니다. 오늘도 돌이켜봅니다. 여전히 하고 싶은 것 한번 제대로 손대보지 못한 채 상황의 노예가 되고 있는 것은 아닌지.

옮긴이이기 전에 뒤틀린 심리적 편향의 소유자로서 이 책에 제시된 예들과 저자의 말은 구구절절 농도 짙게 가슴에 와 닿았습니다. 오류지대란 자기실현이라는 정도正道에서 벗어나 삐딱 노선을 타게 만드는 취약한 성격의 일면들, 즉 당신의 취약지대입니다.

저자 웨인 다이어 박사는 전 세계적으로 유명한 심리학자이자 저술가로서 많은 베스트셀러를 썼습니다. 힘찬 필치로 사람들이 내면에 가지고 있는 오류지대를 도려낸 이 책은 아무리 줄여 잡아도 3500만 부 이상이 팔린 베스트셀러이자, 40여 년 전에 출간되었지만 지금도 꾸준히 인기를 누리고 있는 스테디셀러입니다. 당시 이런 책이 나왔다는 것은 참으로 획기적이라 할 수 있습니다. 이후 그의 생각과 가르침은 다른 저술가들의 귀감이 되어 많은 자기계발서 출간의 물꼬를 트게 했습니다.

저자가 강조하듯 '인생은 단 한 번뿐'입니다. 삶은 뒤돌아보는 법이 없습니다. 어제 죽을 뻔했다가 오늘 새 생명을 얻었다 생각하고 하늘을 한번 올려다보세요. 잔뜩 찌푸릴 대로 찌푸린 하늘마저 얼마나 아름다워 보이는지, 이 세상이 얼마나 살 만한 곳인지 깨닫게 될 것입니다. 그리고 이 책의 저자가 전하는 바대로 심지 있는 사람이 되어 다른 사람의 이목이나 평판에 눈치 볼 것 없이 하고 싶은 바를 거침없이 펼쳐보세요. 그렇게 적극적이면서도 긍정적인 마음 자세를 갖추고 직접 부딪치면 당신에게 걸림돌이라고 여겨졌던 상황이 생각했던 것보다 그리 힘겹지 않은, 충분히 해결 가능한 것임을 알게 될 것입니다. 그리고 빙긋이 웃게 될지도 모릅니다.

아무쪼록 이 책이 많은 사람들에게 삶의 고비에서, 어느 갈피에서, 또는 중요한 길목에서 삶에 대한 핵심적이고도 보편적인 지혜를 줄 수 있기를, 또한 당차고 제대로 된 삶을 살아가는 데 등대가 될 수 있기를 기대해봅니다. 저자가 전하듯 인생은 값집니다. 어느 누구도 넘볼 수 없는 오로지 당신만의 값진 인생입니다. 부디 한 사람이라도 더 이 책을 읽고서 그까짓 도움 안 되는 오류지대쯤 훌훌 내던져버리고 속이 꽉 들어찬 행복한 이기주의자가 되었으면 하는 바람입니다.

2006년 4월 옮긴이 오현정

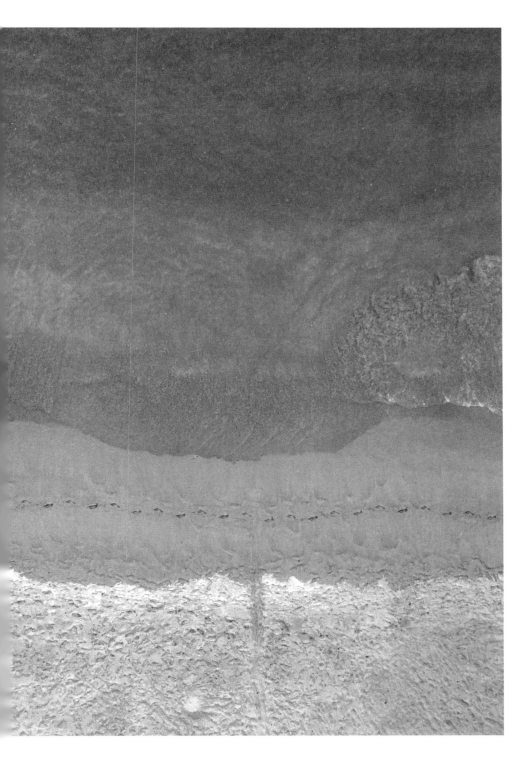

KI신서 11817

행복한 이기주의자

1판 1쇄 발행 2006년 4월 25일
2판 1쇄 발행 2013년 6월 21일
3판 1쇄 발행 2019년 8월 14일
4판 1쇄 발행 2024년 3월 27일
4판 2쇄 발행 2024년 4월 26일

지은이 웨인 다이어
옮긴이 오현정
펴낸이 김영곤
펴낸곳 (주)북이십일 21세기북스

정보개발팀장 이리현 **정보개발팀** 이수정 강문형 박종수
디자인 표지 수란 **본문** 이슬기
출판마케팅영업본부장 한충희
마케팅1팀 남정한 한경화 김신우 강효원
출판영업팀 최명열 김다운 김도연 권채영
제작팀 이영민 권경민

출판등록 2000년 5월 6일 제406-2003-061호
주소 (10881) 경기도 파주시 회동길 201(문발동)
대표전화 031-955-2100 **팩스** 031-955-2151 **이메일** book21@book21.co.kr

ⓒ 웨인 다이어, 2024
ISBN 979-11-7117-505-5 03320

(주)북이십일 경계를 허무는 콘텐츠 리더

21세기북스 채널에서 도서 정보와 다양한 영상자료, 이벤트를 만나세요!
페이스북 facebook.com/jiinpill21 **포스트** post.naver.com/21c_editors
인스타그램 instagram.com/jiinpill21 **홈페이지** www.book21.com
유튜브 youtube.com/book21pub